UNE SAISON EN ABYSSINIE

DU MÊME AUTEUR

Autoportrait de Van Eyck, Fayard, 2000.

Élisabeth Bélorgey

Une saison en Abyssinie

roman

Fayard

À Maria et Leonidas

ce fidèle et infidèle récit
de leurs vies

1

Lovée sur elle-même, comme drapée de l'éternité blanche d'un bas-relief, la mince silhouette dort profondément.

Dans la pénombre, tante Matta hésite, contemple la chevelure auburn en cascade, les bras musclés entourant l'oreiller, et ce geste d'enfant l'attendrit. Que ce réveil sera difficile… Mais le temps presse :

– Marie-Eugénie ! réveille-toi !

Avec douceur, tante Matta masse les pieds de la jeune fille qui tressaille, puis ouvre les yeux.

– Ma tourterelle, la sieste est finie… réveille-toi !

Encore enveloppée de son rêve, Marie-Eugénie flotte un instant dans l'opalescence mélancolique qui finit de se dissiper devant la mine contrariée de tante Matta. Celle-ci lui tend un petit bleu, et la jeune fille s'assoit afin de lire le message, signé de son père, qui lui intime de quitter Athènes pour l'Éthiopie, accompagnée de Christos, son grand-oncle. « Obéis. »

Sans doute son père a-t-il fait exprès de la prévenir au tout dernier moment afin qu'elle n'ait pas le temps de tergiverser, comme au printemps dernier. Sa sœur Pandora s'en était alors retournée sans elle ; et, depuis, les missives paternelles s'étaient succédé, insistantes, pressantes.

Marie-Eugénie rend le télégramme à Matta qui le lit pour tante Uranie, affligée de cataracte.

– Pourquoi tiennent-ils tellement à me faire venir ? *maintenant* ? murmure la jeune fille avec une sourde irritation.

Après vingt ans de séparation, ce sec rappel auprès d'eux la désarçonne : dans sa naïveté, elle avait espéré qu'ils se lasseraient… Elle s'est recroquevillée, le menton sur ses genoux repliés.

– Ils songent à t'établir… c'est leur souci de te marier, tu le sais bien…

Tante Matta ouvre les persiennes et toutes trois plissent les yeux tant la clarté est vive, malgré les cinq heures affichées au cadran de la vieille horloge à clé. Le parfum des orangers en fleur envahit la chambre.

– Me marier ? là-bas ? mais avec qui, mon Dieu ? Est-ce si urgent ? Mais est-ce qu'ils se sont demandé si j'avais envie de me marier ?

Tante Matta ne répond pas. Les réticences de sa nièce à l'idée de convoler rencontrent ses intimes convictions, mais son propre destin ne saurait constituer un modèle, et les circonstances ne sont pas les mêmes. Uranie s'assoit près de la jeune fille, lui prend la main. De sa voix perpétuellement enrouée, elle plaide que si ses parents la réclament, c'est bien naturel. Qu'elle s'en réjouisse… N'est-ce pas dans l'ordre des choses de se marier ? ajoute-t-elle avec un doux sourire. Matta l'approuve : Uranie sait trouver les mots qui apaisent. Sans doute auraient-ils pu la reprendre plus tôt, beaucoup plus tôt…, pensent-elles de concert en soutenant le regard sceptique de leur nièce. Depuis si longtemps qu'ils la leur ont confiée… jusqu'à l'année dernière, ils l'avaient quasiment oubliée.

Tante Matta soupire :

– Cette fois, vous n'y échapperez pas. Faites votre devoir.

– Oncle Christos sera là demain, ou après-demain, renchérit Uranie en lui tapotant la main. Il faut te préparer. Lève-toi vite !

La gorge nouée, Marie-Eugénie acquiesce. Le refus qu'elle a opposé à Pandora et à son mari Basile ne peut se renouveler. Son diplôme de gestion obtenu, elle n'a plus d'excuse. Malgré son désarroi, l'obéissance l'emporte : à son âge, on ne décide pas de son sort.

Uranie, d'un pas menu, apporte une grande valise en peau dans la chambre. En la remplissant, Marie-Eugénie tente de retrouver les bribes de souvenirs qu'elle aurait pu conserver de ses parents. En vain. Estompés, enfouis dans cette Éthiopie qui n'a jamais été pour elle qu'un pays de conte hérissé de forêts, clairsemé de savanes dangereuses, sillonné par des tribus mordorées... Si rares, si convenues, leurs lettres l'ont raidie dans cet oubli qui l'a protégée d'un trop vif sentiment d'abandon. Délaissant les atlas, Marie-Eugénie n'a rien voulu savoir, préférant laisser dériver sa famille dans un incertain mirage. Après tout, sa vie n'était-elle pas ici ? Quitter Athènes ?! Vivre sans ses tantes qui l'ont choyée comme une infante !? S'arracher à sa blanche cité trépidante ? Et renoncer à tous ses projets... Quelle brûlante amertume soudain quand elle glisse parmi ses effets sa photo préférée, ses tantes et elle sous la tonnelle de jasmin, souriant dans la quiétude assoupie d'un après-midi…

Matta liste son trousseau, Uranie plie, Marie-Eugénie entasse. Placards, armoires, tiroirs… Leur frêle trio trace en silence dans la maison un ultime ballet d'adieu.

Au Pirée, les bateaux pour les îles s'étirent en une cohorte qui lentement se désagrège à l'horizon. Pour quelques jours, ces citadins par nécessité reviennent à leur rocher en espalier, à leur bicoque blanchie à la chaux aux volets bleus, à leur lacis de ruelles désertes sous le soleil. Chargés de pains, de fruits et de clinquants brimborions de la ville, ils s'en retournent inlassablement vers la paix de leur enfance. Plus près, les paquebots de l'exil attendent leurs proies. Peuple de la mer, peuple du négoce toujours en partance vers l'ailleurs, peuple troué de ces absences, suspendu à des photos qui se craquellent sur les murs et que l'on regarde en essuyant ses larmes, en répétant des prénoms, en murmurant une prière… Fils d'Ulysse, les Grecs sillonnent le monde depuis ces rades lumineuses, exhortant les dieux de leur épargner tempêtes et désastres, s'en remettant à leur clémence pour accomplir leur destinée, exaucer leurs désirs de fortune, leurs rêves de conquête. Marie-Eugénie, mais sans l'avoir voulu, se glisse à son tour dans cette odyssée sans cesse renouvelée… La rangée de journaux épinglés au kiosque se gonfle sous la brise, drapeaux crasseux annonçant la fin d'une guerre en majuscules dégoulinantes. Des bénédictions effleurent le front de jeunes gens délurés… Gantée de chevreau, la main de Matta se crispe autour d'un bouquet d'anémones violacées, entouré de papier gaufré… Uranie frotte ses paupières rosies de fatigue… Ses tantes se recroquevillent dans leurs robes sombres auréolées de dentelle d'Irlande au col et aux poignets. Marie-Eugénie s'accroche aux détails pour ne pas faiblir.

Sous le soleil léger, les dockers engoncés dans de sombres tricots chargent en rythme. Ils jurent entre eux à moins que ce ne soit simplement leur façon de parler. La mâchoire de poupe du *Roland-Garros* ingurgite les bidons d'olives (ΚΑΛΑΜΑΤΑ estampillé en diagonale), les cartons de raisins (ΚΟΡΙΝΘΟΣ), des casiers METAXAS, des malles, des masses biscornues et ficelées. Les voyageurs resurgissent tout en haut agitant quelque chose, silhouettes fondues dans un éblouissement. Harassés par leur labeur, des pêcheurs somnolent au creux de coques ravinées ; ils attendent la nuit, le départ de la bête grondante. Un homme s'aidant de béquilles tressaute sur la passerelle comme un insecte désorienté. À mi-chemin, Marie-Eugénie se retourne, ébauche un signe vers ses tantes, avec le bouquet d'anémones. Ses cheveux roux flambent. La brise marine soudain l'euphorise.

Toute opulence, cheveux, seins, hanches, tissus bouillonnants de satin noir – quel deuil ? quel rêve inassouvi ? quelle idée de la dignité ? –, Matta soutient Uranie qui défaille. Marie-Eugénie les incruste dans sa mémoire sans se soucier de Christos, qui se plaint d'avoir faim. Les pompons d'un cheval s'agitent, minuscules clochettes rouges sur le camaïeu grège des maisonnettes du Pirée. Un policier siffle à s'époumoner pour faire mouvoir les charrettes. Dans le ciel fusent les hirondelles, vives inscriptions aussitôt effacées, des mouettes criaillent. Du quai monte un chant d'adieu tandis que le *Roland-Garros* se tourne pesamment face à l'horizon. Les tantes s'amenuisent en deux points tremblotants et sombres qui se brouillent, s'estompent puis disparaissent.

Marie-Eugénie n'a pas vu Uranie sangloter : « … si jeune… si loin… notre petite… », ni l'air désespéré de Matta. « Uranie, allons, un peu de tenue ! » gronde-t-elle, faussement sévère. Le cliquetis des sabots du cheval bercera leur cœur déchiré.

Le *Roland-Garros* va l'emporter en quelques jours jusqu'à Djibouti. Dans la cabine, Marie-Eugénie a vidé la valise en peau et se détaille dans le miroir au tain écaillé. « Si rousse... ça vient du Bavarois, celui qui était médecin du roi Oton ? ou bien de Francesca, cette aïeule vénitienne qui nous a transmis un goût immodéré des gnocchis et des légendes corsaires ? » Deux étrangers pour une différence... Rousseur des traîtres, des menteuses ! persiflaient les pies-grièches de son école... Elle brosse ses cheveux en comptant jusqu'à cent...

Un gros saphir repose sur la tablette devant le miroir : « Addis-Abeba te plaira... Obéis donc ! rentre avec nous ! » avait insisté Pandora. Sans l'écouter, Marie-Eugénie avait scruté le visage de son aînée, cherchant avec avidité sa mère, une présence de sa mère dans cette vipère émaciée qui s'irritait de sa résistance. Basile, son mari, un géant laconique, avait esquissé un sourire d'encouragement. « Tu ne veux tout de même pas finir vieille fille comme elles ! » avait repris

Pandora, désignant de son menton les deux vieilles femmes. Tante Matta avait ébauché un geste pour intervenir, puis, se ressaisissant, n'avait rien dit, lissant un invisible pli sur sa longue jupe noire. Tante Uranie avait détourné la tête avec un soupir. Ensuite, exaspérée par le mutisme de Marie-Eugénie, Pandora avait déposé avec brusquerie, sur le guéridon vénitien, ce saphir brut – pour la décider ? À la réflexion, ce n'était pas un geste spontané, mais bien une manœuvre mûrie de longue date, sans doute avec l'accord de leurs parents. Ils lui auraient écrit à Dirédaoua de faire l'emplette ? Ou bien Pandora seule, jaugeant sa cadette susceptible de se laisser éblouir par cette promesse de richesses… Oui. Et ce regard de sale connivence qu'elle lui avait lancé l'en avait convaincue : Pandora croyait que tout a un prix. À quel prix pensait-elle… ? Devant ses tantes silencieuses, d'énervements en pleurs, Marie-Eugénie avait dû supporter sa hargne, son mépris, mais avait gagné du temps, presque un an, juste un an…

… quatre-vingt, compte-t-elle à haute voix, sans s'entendre, en prenant conscience de l'incessant ronronnement du paquebot qui la surprend. Le regard noir, condescendant de Pandora… Sa sœur-enfant ? Elle ne s'en souvient pas plus que de ses parents... Elle n'avait pas trois ans, trop petite... De l'avoir revue cinq, six fois depuis qu'elle a épousé ce fonctionnaire des Chemins de fer français en Éthiopie n'a pas tissé de liens. Au contraire, à chacune de ses visites, Marie-Eugénie n'avait éprouvé qu'un douloureux froissement face à cette étrangère qui la traitait sans égards, et dont Matta répétait qu'elle ressemblait à sa mère. Quant à celle-ci... À leur hésitation, à leur réserve polie, l'enfant puis la jeune fille qu'elle était devenue avait fini par deviner combien ses tantes blâmaient ce mariage qui avait *déclassé* leur frère, promis à une carrière de juriste aisé, pour obtempérer à sa fiancée, ô certes très belle mais si quelconque, qui l'avait contraint plutôt qu'incité à s'exiler en Éthiopie... Iris et Alkisti, ses deux autres sœurs, sont nées au loin. Une petite photo surexposée d'elles en robes à volants (Pandora, très « grande sœur », les tenant fermement par la main), les parents un peu flous, et, à l'arrière-plan, une locomotive décorée de peaux de lions, un baraquement, à son fronton une enseigne : *AOUACH – RESTAURANT V.* Vers... 1915 ?

Elle arrive enfin à cent, la jeune fille lâche la brosse, se dévisage une dernière fois avec un regard critique : en Égypte, on tuait les roux pour qu'ils fissent dorer les moissons, les théologiens médiévaux voyaient dans le roux la couleur des flammes de l'Enfer… Que n'aura-t-on pas divagué, sur les roux et les rousses! L'aurait-on laissée à Athènes (elle regarde par le hublot des voiliers, un cargo soviétique, un paysage désolé de collines pierreuses, et la mer mousseuse, sale), l'aurait-on abandonnée à ses tantes par… superstition? s'interroge-t-elle en fixant l'abîme de ses yeux soudain attristés. Cette navrante sottise ne l'étonnerait pas, surtout de la part de sa mère, qualifiée de «pragmatique» par Matta (toujours précautionneuse et maniant l'euphémisme dès qu'elle en parlait), et de «sorcière» par Pandora (qui, elle, ne s'embarrassait pas de telles subtilités) – non, cela ne l'étonnerait pas. Mais son père? Lui aussi…

Enfin, après avoir esquissé une grimace dépitée et ajusté sa jaquette turquoise, elle se détourne du miroir, rafle le saphir qu'elle enfouit dans sa poche (Pandora n'avait jamais voulu le reprendre : «Ça porte malheur!») et chasse de son esprit ces amertumes.

Rien ne peut briser la glace entre Christos et Marie-Eugénie au cours du dîner. C'est un commerçant sans imagination ni culture. Son visage poupin, alourdi de bajoues couperosées, ne s'éclaire que lorsqu'on lui présente les plats. Tandis qu'il dévore comme s'il était mort de faim dans une vie antérieure, elle a tout loisir de contempler sa rutilante calvitie. Entre deux bouchées, il jette quelques mots. Il pérégrine rarement en Éthiopie, mais se veut rassurant sur l'« excellent climat » d'Addis-Abeba. Ses parents vivent « bien », Pandora aboie mais ne mord pas, Iris et Alkisti sont « charmantes », sa mère a la main verte..., son père... Ces précautions oratoires provoquent l'effet inverse chez Marie-Eugénie qui ne peut s'empêcher de tressaillir, mais Christos, ignorant son trouble, son anxieuse curiosité, ou feignant de ne point les remarquer, dérive et s'enferre dans une histoire de cognac trafiqué qui le lèse... Inutile d'espérer davantage de ce goinfre mélancolique.

Dans la salle, sous une lumière crue, une atmosphère de fin de bal caparaçonne les voyageurs endimanchés. Une mascarade bienséante, encore raidie dans l'observation réciproque... Christos la laisse aller se coucher pour s'installer à une table de trictrac. Elle prie longuement, puis s'assoupit, bercée par le sirop musical qui suinte du dancing. Malgré toutes ses appréhensions, elle aime voyager.

Dans la fournaise qui s'est abattue dès que le paquebot s'est arrimé, la halte au Grand Comptoir de Christos dure deux jours. L'agitation de Djibouti se condense sous les arcades, le soir, et un peu autour de la mosquée. Au Palmier en zinc, son oncle salue d'un vague signe – deux doigts portés au bord de son chapeau – de douteux personnages à qui il ne la présente pas. Des militaires enivrés soupirent, non sans théâtralité, après le climat de la douce France, mais le devoir avant tout ! s'écrient-ils avant de commander une autre tournée. La canicule la suffoque. L'enfer ne doit pas être plus chaud. À ses tantes elle envoie une carte postale dentelée, en noir et blanc : «*La jetée de Djibouti*». Avec une brusquerie de timide, Christos lui offre un collier d'ivoire sculpté à cinq rangs qu'il puise dans le fouillis de bimbeloterie de sa vitrine. L'ivoire des éléphants qu'elle apercevra peut-être un jour, si elle va dans la brousse… De peur qu'elle ne se déshydrate, il la gave de granita à la pastèque. Ses pudeurs de capucin l'amusent : peu de femmes ont franchi son seuil depuis un veuvage qu'il déplore en se signant devant le portrait de l'épouse, endeuillé d'un poussiéreux ruban noir. Un python sinue sur les marches de l'escalier, que Christos enferme la nuit sous les toits. Elle apprécie le grand ventilateur dans la chambre aux volets clos, à l'étage.

Le tableau noir de la gare affiche les tarifs et les horaires en amharique et en français. *Dirédaoua, Aouach, Addis-Abeba*... L'élégance de la calligraphie éthiopienne la séduit. Des soldats en blanc hurlent près des wagons de marchandises. Fuyant le bruit et la canicule, elle s'engouffre dans le train. Une cohue s'empresse de charger des paquets enveloppés de guenilles, malmenant des poules qui s'ébouriffent dans les couloirs. Des femmes patientent, accroupies, édentées, les poignets cerclés de bracelets en or. De longs Noirs, drapés d'amples tuniques claires – des *chammas*[1], précise Christos –, déambulent devant elles. Elle ne distingue pas les Somalis des Éthiopiens ou des Oromos. Les peaux déclinent toutes les nuances du noir. Dans les trois wagons de première classe, le calme règne. Deux fonctionnaires abyssins (traits fins, chevelure mousseuse, peau mordorée), un Scythe somnolent et une femme blonde l'accueillent d'un bref coup d'œil. Elle entend parler italien dans le fond : des commerçants se gobergent. Un escogriffe buriné, assis dans une encoignure, crispe ses mains sur une mallette. Pieds nus, un Européen aux

1. *Chamma* : grande cape traditionnelle drapée à l'antique et retenue à l'épaule par une broche.

cheveux longs, enraciné sur le quai, le fixe. Malgré la vitre de protection, malgré le départ imminent, ce regard de fauve aux aguets tétanise l'autre. « C'est Monfreid », murmure en guise d'explication Christos. Puis il a un avare geste d'adieu.

À bord du train, la chaleur accable Marie-Eugénie. Bouche charnue, menton volontaire, son profil se dessine sur le paysage inhospitalier de collines noires. Son épaisse chevelure est nouée d'un ruban vert sombre. Elle ferme les yeux au visage amer de l'inconnu, puis les rouvre : quelques maigres touffes de végétation indéterminée, sans couleur, çà et là. Des mimosas épineux, trop grands, trop pointus. Qu'importe ! Qu'importe ! Dans les longues courbes, la fumée de la locomotive imprègne tout. Somnolence par intermittence, pensées vagues, hypnagogie colorée, souvenirs : toute petite, à genoux dans le noir devant la lampe à huile qui illumine faiblement l'icône, elle prie la Vierge de la transporter en Afrique auprès de ses parents ; puis, vers dix ans, sur l'estrade, elle sourit, bien droite, à l'écoute des applaudissements pour son premier prix de danse au lycée ; un été, la baie de Loutraki : ses tantes bavardent, de l'eau jusqu'aux genoux, avec d'autres matrones, tandis qu'elle nage, aveuglée de soleil, et qu'au loin un cargo s'engage dans le détroit de Corinthe ; ou encore : la fenêtre ouverte de l'atelier de sculpture de son oncle Nikos au pied de l'Acropole étincelante ; et puis : Matta traduisant, derrière une pile de dictionnaires, les aphorismes d'Héraclite, tandis qu'Uranie somnole…

Les autres voyageurs se taisent. La femme blonde lui offre du thé. À travers ce désert de pierres, le roulis du train gémit.

– Où allez-vous, jeune fille ? questionne la Suédoise. Je suis infirmière à Addis, à l'hôpital Hanner, ajoute-t-elle en souriant. (Marie-Eugénie répond à peine, oppressée par ce qui l'attend.) Regardez, ce fleuve que nous allons longer maintenant… c'est l'Aouach. Il se perd dans les sables de Danakil, évaporé, sans pouvoir atteindre la côte… À Tadjoura, en face de Djibouti, pftt… plus de fleuve ! explique-t-elle aimablement. Puis, ironique : Attention à ne pas vous-même vous *évaporer* ! Ici, tout est tellement plus rude. Regardez…

Mlle Liv sort une gouache du lac d'Assal, émeraude sertie de l'aveuglante blancheur du gypse et du sel, dominé par de sombres collines sans arbres. Masses quasi abstraites, couleurs en couches épaisses. Pour elle, Addis est un foyer d'épidémies, des vaccinations en série, des corps à sauver; elle cite des chiffres, et, quand elle s'aperçoit que l'attention de Marie-Eugénie faiblit, elle cesse de parler et la dévisage avec attention.

Ce regard bleu, quasi clinique, posé sur elle, la démonte, et, sans qu'elle sache pourquoi, Marie-Eugénie fond en larmes. «J'ai trouvé quelqu'un d'encore plus malheureux que moi», lâche l'infirmière avec une pointe d'humour.

Brusquement, à la gare de Dirédaoua, une masse bonhomme l'empoigne : c'est Basile, qui s'excuse aussitôt. En tant que chef de train, il doit compter les passagers, répartir les sacs postaux, les marchandises selon les deux destinations : le Harar et Addis; il doit aussi s'arranger avec les douaniers, Pandora ne va pas tarder, tu comprends? Il se dandine et ne sait qu'ajouter. Son visage s'est empâté, depuis l'offrande du saphir. En retard, sans se presser, Pandora s'avance, féline, le long du quai, comme si c'était son territoire.

– Il t'en a fallu du temps pour *nous* obéir! claironne-t-elle.

– J'ai obéi à papa, réplique Marie-Eugénie en lui effleurant la joue.

– Eh bien, tu vas être contente. Il est descendu d'Addis pour… Gros effort de sa part, crois-moi !

D'emblée, Marie-Eugénie s'est rétractée en prévision des pointes que la condescendance de Pandora ne manquera pas de lui infliger. Que lui réserve l'accueil à Addis, si sa mère est comme elle… Cependant, son cœur bat de savoir que son père l'attend, tout près. Après si longtemps…

Déclinant leurs responsabilités de façon alambiquée mais rentable, les douaniers palabrent avec un Basile en sueur.

– Ne l'attendons pas : regarde-le, Basile vendrait jusqu'aux larmes de la Vierge ! jette Pandora, agacée.

Tirée jusqu'à la calèche par sa sœur qui jacasse, Marie-Eugénie ne comprend plus rien. L'idée de s'enfuir la traverse. Si on allait la livrer à un Barbe-Bleue de la brousse ? si on allait l'expédier dans quelque hameau désolé, « évaporée » pour toujours ? si elle n'allait plus jamais revoir ses tantes ?… Ça s'affole, ça feule en elle. Un boy lui prend sa valise et s'incline bien bas ; une cicatrice profonde et ronde à la tempe altère l'harmonie de ses traits. La tyrannie des visages… du regard d'autrui qui vous exclut et qu'elle a si souvent ressentie, enfant. En sculptant, son oncle Nikos cherchait « la tête », il voulait rendre une présence intégrale – « pas l'anecdote des traits de chair, une grille hypocrite », grommelait-il avec un sombre acharnement, tandis qu'il travaillait ses bustes. « Le drap resplendissant du visage du Christ de sainte Véronique… Le visage est comme un tissu où s'imprime la Présence », répliquait Hélène, sa femme. « *Le* visage entre tous les visages qui nous empêche de voir », grognait-il encore. « Non ! décrétait-elle. Le Christ est venu donner un visage aux sans-visage ! » Et ils bataillaient ainsi dans l'atelier, se heurtaient sans ménagement devant les élèves de Nikos, massifs et obstinés comme des cerfs à la saison des amours…

– Vous avancez ou quoi, merde ? crie-t-on en français derrière elles.

Durant le trajet, Pandora se renfrogne au bout de quelques instants. Marie-Eugénie préfère cela.

Des bougainvillées en cascades mauves, un quartier cossu, ombragé de pins parasols, un air de Méditerranée. Et son père venu la chercher…

Il guette leur arrivée sur le perron d'une claire villa de deux étages. Les mêmes yeux bons que tante Matta. Pandora lui embrasse la main. Il ouvre ses bras et respire sa « fille d'Athènes ». Une certaine – elle cherche le mot – suavité émane de lui. La photo des tantes datait de vingt-cinq ans : il a blanchi, s'est voûté, le regard est moins rieur, les mains tavelées, mais il a conservé son allure de dandy romantique. Matta elle aussi vieillit, Uranie s'étiole, mais Marie-Eugénie ne veut pas le savoir.

On lui a fait goûter de l'hydromel et du piment rouge, ce soir-là. Son estomac en a souffert. À moins que ce ne soit la verdeur du langage de Basile et de Pandora qui l'ait perturbée, ou les fatigues du voyage, ou l'émotion ? se dit-elle en vomissant. Tout la heurte, chez eux, habituée qu'elle est au doux commerce de ses tantes. Basile a aboyé :

– Tu me mèneras à la ruine ! Parasite ! Paresseuse ! Folle, tu es folle à lier ! Te rends-tu compte tout ce qu'il faut que je trime pour…

Pandora l'avait enfermé à double tour, la nuit précédente, pour courir jusqu'à son cercle de jeu, et y goûter un ravissement que n'égale sans doute point celui de l'érotisme conjugal. Ce géant placide, prompt au compromis, ne décolérait pas d'avoir été ainsi ridiculisé.

Le père et Marie-Eugénie s'étaient tus, complices au creux d'une nacelle invisible. Pandora avait en fait perdu gros. Ce qui ne l'empêchait pas d'abreuver son époux d'insultes.

Personne n'a rien su de son malaise de la nuit. Plus tard, elle s'apercevra qu'à tout prendre la colère de ce couple est préférable à la violence feutrée des repas de famille dans ces fêtes régulières comme les saisons, où tous se retrouvent par devoir, par habitude, dressant inconsciemment des bilans, se scrutant sans aménité, les visages se défaisant en blocs ravinés, les corps alourdis, les préoccupations se sclérosant peu à peu, les discours se raidissant, fortunes faites ou malheurs accomplis – « ils crèveront à table », pensera-t-elle au cours de ces agapes de plomb où le *gossip*[1] cloue dans des jugements sans appel, en les affublant de surnoms assassins, les distraits, les faibles, les inévitables perdants de toute famille…

Le train repart à l'aurore.

– Dépêche-toi de te marier, car tu ne rajeunis pas, ha ! ha ! lui lance Pandora.

Le père hausse les épaules. Ils passent du désert aux basses terres. Au loin, des oueds où rôdent des lions ; puis, après la vue sur les lacs, les champs de cendres volcaniques, les gorges, ils arrivent de nuit en gare d'Aouach. Une autruche erre sur les rails,

1. *Gossip* : ragot, rumeur, médisance.

des mendiants dorment par terre ; Marie-Eugénie ne saurait dire s'ils sont encore vivants, tant ils sont décharnés. L'escogriffe buriné disparaît seul dans la nuit, à dos de mulet, avec sa mallette. Entre-temps, Marie-Eugénie a appris qui est Monfreid, l'Européen aux pieds nus sur le quai de Djibouti, qui le toisait si intensément : un trafiquant. Un écrivain. Un « original ». Il sillonne la Corne d'Afrique sur un boutre rapiécé. Ses romans d'aventures plaisent en France.

Marie-Eugénie ne dort guère, troublée par la présence de cafards géants, le froufrou des lézards dans l'obscurité. Son père ronfle sous la moustiquaire. Des araignées visqueuses gardent les toilettes. Pas d'eau. Tout est menace, dans cette contrée où il faut s'attendre à tout : « Lèpre, syphilis, typhus, tuberculose... », avait égrené avec lassitude l'infirmière. Ajoutons : choléra, malaria, sorcellerie, anthropophagie, singes *goreza* aux longs poils, serpents, lions, hyènes, plus des foules noires en chammas... et une famille inconnue, récapitule la jeune fille, les yeux grands ouverts sur la nuit.

Enfin le train atteint le plateau. Addis-Abeba apparaît dans une corolle de collines bleutées, recouvertes de champs de fleurettes jaunes et mauves, séparées par des vallons verdoyants. Son père lui nomme les arbres : bananiers, euphorbes candélaires, sycomores, cactus et l'eucalyptus – *ya-baher-zaf* en éthiopien, « l'arbre venu d'outre-mer ». Précision qui aurait plu à Matta, pense Marie-Eugénie. Celui qui connaît les mots connaît le monde, n'aurait-elle pas manqué de commenter avec gourmandise.

L'air se fait vif, léger. La ville baigne dans une étrange brume, d'où émerge le faîte sombre des arbres, puis au loin des montagnes cisèlent la pureté du ciel.

Des Abyssins sont accueillis par des serviteurs portant d'amples parasols. Force révérences et baisers de soumission à leurs pieds.

– Nous sommes en Afrique, et la faim sévit, marmonne son père.

Des femmes en cape soyeuse, la bouche voilée, chaussées de souliers vernis, les suivent en traçant un serpentin d'opérette.

Personne ne l'attend sur le seuil de la maison du père. De hautes palissades entourent le jardin, masquant le quartier indigène et ses toucouls ronds recouverts de chaume, de l'autre côté de la voie ferrée. « Il ne faut pas y aller », ordonne son père avec une intonation protectrice.

Ils entrent. Du fond du couloir, s'essuyant les mains sur son tablier poudré de farine, sa mère se précipite : « Ah ! la princesse est arrivée ! » Petite, mince, mate, d'une propreté méticuleuse. Encore belle, mais d'une beauté plébéienne, sans éclat. Tante Matta a raison : Pandora lui ressemble trait pour trait. Sa mère l'embrasse. L'odeur de la poudre Coty fait surgir du fond de sa mémoire de petite fille le moment de leur baiser d'adieu, chez ses tantes, rue Plutarque : même sensation de baiser mouillé, même parfum de peau fleurant la poudre, même indifférence pressée. Un éboulement de tendresse la décontenance… Mais sa mère déjà se recule, critique sa mise citadine, déplore sa chevelure rousse d'un geste navré. Tout ce qu'appréhendait Marie-Eugénie se confirme, dans ce recul, cette moue, ce regard qui la toise sans aménité. Il nous faudra du temps, pense-t-elle en se raidissant pour ne pas pleurer.

Iris, une punaise olivâtre, le regard teigneux, encore absorbée par les cartes qu'elle tirait sur la table de rotin dans le jardin, s'avance, suivie d'Alkisti, grande, aux traits sans grâce, mais douce comme le père, qui ondule jusqu'à elle avec paresse et tend une main molle. Curiosité, envie, rejet immédiat : Marie-Eugénie perçoit qu'elle les agace, sans déceler pourquoi. Qu'a-t-elle de si différent ? En buvant un sirop de griottes, Marie-Eugénie saisit un signe de connivence entre ses sœurs et sa mère : « Voyez-vous ça, Mademoiselle débarque… » Ou bien croit-elle l'avoir vu parce que sa déception est grande ? Si rurales. Si triviales… Aussi malveillantes que Pandora. Elles ne l'aimeront jamais. L'estomac aigre, elle se racle la gorge pour ne pas suffoquer. Son père sourit : la bonté, la tenue et l'élégance de Matta, perceptibles à travers sa fille d'Athènes, apaisent en lui une secrète nostalgie. Ce sourire la réconforte ; dans le train, n'a-t-il pas murmuré : « Tu m'as beaucoup manqué » ? Si piètre qu'il soit, ce tardif aveu lui a rendu un père.

Après la canicule de Djibouti, la première soirée est froide. « Ici, on est à plus de trois mille mètres », l'informe sa mère avec un ton presque hostile en lui tendant une couverture.

Les souris trottinent sur la moustiquaire. Iris se relève pour les assommer avec une chaussure : elles se convulsent en couinant. Ses yeux noirs et méchants rient. « Papa doit mettre des pièges, mais il n'a jamais le temps de le faire. Tu t'y feras ! » Marie-Eugénie grelotte toute la nuit.

Les jours suivants sont un tunnel. Ses sœurs chamboulent ses effets (« Regarde-moi ça ! »), se gaussent de ses « pourquoi » (« Ma pauvre, mais tu es en Afrique ici ! »), soulignent ses maladresses (« Où est le pli du pantalon ? Tu ne sais pas repasser ? » – tout en agitant le vêtement devant les yeux du père), sa mère rejette son instruction avec morgue (« Mais qu'est-ce que Matta pensait faire de toi, hein ? un bas-bleu comme elle ? »). Pour se contenir, Marie-Eugénie se répète en silence *Le Rat de ville et le Rat des champs*. Maigre consolation. Athènes se pare à ses yeux de tous les raffinements. Ses tantes sont mille fois regrettées en silence. Dans quel piège est-elle tombée ! et pour combien de temps ? Désobéir, rester à Athènes, que n'a-t-elle osé ! Trop tard, maintenant. Elle gémit dans son sommeil, arbre étouffé de lianes, tordue par ce changement, dépossédée d'elle-même…

Le fait que les Éthiopiens prient le même Dieu ne laisse pas de l'intriguer.

2

Le long de la ligne Djibouti-Addis-Abeba, son père avait obtenu le monopole de l'ouverture des restaurants, et ses premières années en Éthiopie se confondent avec la construction de la voie. Il aime à raconter les hommes en short, leur torse noir brillant de sueur, portant à vingt les rails sur les cailloux brûlants pour que le cheval de fer, qu'on décore de dépouilles de lions et de têtes de buffles pour les cérémonies, puisse gravir la montagne que les ingénieurs français, casqués de blanc, ont apprivoisée sur leurs plans bleuâtres. Quelques escarmouches avec les caravaniers de sel et de peaux qui y perdirent leurs ressources, quelques bagarres avec certains chefs privés de leur droit de passage, mais rien qui ressemblât à une guerre contre ce nerf d'acier. «*Aicha, Haraouah, Dirédaoua, Afdem, Aouach, Adama, Nazareth, et Addis en 1917*», psalmodie-t-il, rêveur. Plus de trente-quatre stations liées aux points d'eau, vingt-neuf tunnels, des viaducs... Les Somalis, les Oromos, les Danakils travaillaient pour cinq piastres par jour. Il conclut que ce train les a amenés jusqu'à leur destin.

Sans elle, pense Marie-Eugénie.

L'été s'étire en menues corvées. Les palissades bornent son horizon. Le souvenir de la mer d'Attique l'étreint et Marie-Eugénie pleure en cachette. La mère s'agite de la cuisine au jardin, houspille les boys, la tance : «Au boulot, fini de jouer les princesses!»

«La rousse», «l'Allemande» – jamais «ma fille». D'ailleurs, au revers de l'icône familiale, une Vierge à l'Enfant, Marie-Eugénie a découvert que son prénom est le seul à n'être pas inscrit. Oubliée, «évaporée» dès sa naissance? «Quand suis-je née?» ose-t-elle enfin demander. «Après Pandora, ça tu le sais, et après d'autres qui sont mort-nés. Et avant Iris et Alkisti, bien sûr. Je ne me souviens plus très bien. J'ai été si souvent enceinte ! » « J'étais comment, à la naissance ? », reprend timidement Marie-Eugénie.

– Je ne sais plus… Vraiment, je ne sais plus… Je ne sais plus : m'a-t-elle seulement vue ? s'irrite Marie-Eugénie, blessée à vif. *J'aimerais mieux être eau dans le ventre de ma mère*, se lamente un poète éthiopien. L'horreur d'être née…

Marie-Eugénie apprend à cuisiner, elle brode, repasse et se morfond.

Des lettres, une ou deux par mois, lui sont adressées par ses tantes. Elles ne se doutent pas de son désarroi : « Ton père est enthousiaste avec toi », souligne Matta. Peut-être bien, mais la mère le domine. Comment pourraient-elles imaginer un si ridicule enfermement au bout d'un tel voyage ? Surtout Matta, qui vagabonde gaiement de livre en livre et se délecte des joies de l'amitié… Lecture amoureuse de leurs graphies violettes. Un feuillet tressé de lignes vigilantes et soudées comme l'amour. Elle les relit, s'y accroche comme à un récif dans la tourmente.

Sans doute, en lui écrivant, les deux vieilles ressassent-elles leurs propres souvenirs d'elle, se répliquant sans fièvre, comme un vieux ménage apaisé. Elles doivent de temps à autre aller dans sa chambre, soupirer en rangeant un bibelot qu'elle a fabriqué, enfant… Le soir, sous la tonnelle, le parfum des jasmins les enveloppe. La main veinée de Matta s'applique à ne pas oublier les « esprits » sur les lettres, soigne sa calligraphie large et ferme, puis offre pour son paraphe la plume à Uranie qui n'y voit plus guère. Sans doute…

À Athènes, Marie-Eugénie aimait sentir la fraîcheur de l'aube, deviner l'agitation de la ville peu à peu audible comme le souffle d'un animal au réveil, voir gonfler la grand-voile de la lumière qui emporte tout dans le tourbillon du jour. Ici, elle prépare le café pour son père, mélange dans l'eau froide la fine poudre et le sucre, et quand l'écume mousseuse menace de déborder, elle retire du feu, après trois ébullitions, l'étroite casserole, et verse le café dans deux tasses immaculées. Des tourterelles en liberté roucoulent au jardin. La cuisine bleue, la table nue, les casseroles suspendues : une trêve hors d'atteinte des sarcasmes des sœurs et de la mère qui dorment encore. Elle boit debout, le regard empli des frémissements des eucalyptus. Le silence ne pèse pas, c'est une terre qui s'éveille, un pays immense qu'elle pressent et a très envie de découvrir. « Trop dangereux ! » réplique la mère. Attendre. Très haut, la lune évanescente persiste dans le ciel. Odeur du café du Harar, presque jaune, que son père choisit en le faisant glisser en pluie sur les sacs ouverts du marché indigène ; en le humant, il s'enquiert de quelle région du Sud il vient, précision inutile, juste pour le plaisir. Tandis qu'il mange avec des bruits gourmands ses tartines de miel, elle tait ses plaintes, son chagrin. Il redemande du café. Ou la taquine d'être si matinale, mais bien content qu'elle le soit.

Elle a cru entendre des hyènes cette nuit.

– Si près de chez nous ? Non… enfin si, c'est possible… Elles s'aventurent parfois… Tu sais, on place les morts sous les pierres parce que les hyènes les dépèceraient… Un client m'a même affirmé qu'elles s'attaquent aux vivants, la nuit… Il faut des feux pour les éloigner… Elles rôdent, leurs yeux flamboient…

Sa fille d'Athènes vibre comme un violoncelle dont il entend la note sourde. Matta l'a modelée selon ses exigences de maîtresse femme, mais, sous sa façade énergique, la jeune fille souffre. Comme elle doit regretter Athènes… Quel mari choisir pour elle ? Aucun des prétendants qu'il envisageait ne saurait lui convenir. Il se promet de ne pas la brusquer. Sans doute ce mariage sera-t-il plus long à conclure qu'il ne le prévoyait. Il reprend :

– Mais il y a pire que les hyènes. Il y a des rebelles qui attaquent les caravanes, pour prendre le thé, la *dourra*[1], les fourrages, les bêtes… Dans le Sud, on a retrouvé des morts mutilés… Et il ajoute très bas : sexuellement.

La nuit, Marie-Eugénie rêve de ces martyrs.

Pour se rendre au centre d'Addis-Abeba, on quitte la gare par une large allée d'eucalyptus qui gravit une colline entrecoupée de torrents. À mi-hauteur, le quartier résidentiel des Blancs. Puis la même allée mène jusqu'à la ville haute, lieu de tous les trafics : cafés, hôtels, églises, commerces en dur, le Palais royal et les résidences des *ras* (gouverneurs) ; plus tard, elle y découvrira le cinéma.

Au-delà d'un torrent, entourée de zibas et de genévriers arborescents, en face de la statue équestre de l'empereur Ménélik, l'église Saint-Froumendios regroupe les Grecs chaque dimanche. Les Éthiopiens vont prier à Saint-Georges, plus en amont, là où Tafari se fera couronner empereur. Même à cheval, cela fait loin

1. *Dourra* : fourrage.

de la maison du père dont la dévotion n'est pas si pressante. Ses sœurs insistent pour s'y rendre, Dieu leur offrant un alibi pour regarder les galants durant l'office. Marie-Eugénie, à qui n'échappe pas le côté «comices agricoles» de son futur mariage, n'y a pas vu figure avenante. «L'Allemande est difficile», juge la mère avec une nuance d'estime.

Marie-Eugénie n'aperçoit qu'une architecture compliquée, vaguement indienne, et les coupoles du mausolée de Ménélik près d'être achevé. Addis-Abeba, capitale d'empire, se disperse tel un gros bourg militaire dont le centre de commandement est le Palais royal, le Guebbi. Des hommes couverts de peaux de lions ou de capes de soie écarlate, coiffés de plumes d'autruche, combinent sous leurs parasols à franges, portés par d'appréhensifs serviteurs, l'extension de leur territoire jusqu'aux murs mêmes du Guebbi. Par les journaux, elle apprend que les ras de chaque région règnent sur leur fief en despotes sourcilleux, sans cesse à l'affût d'un conflit pour étendre leur domaine : les raids frontaliers se multiplient, leur justice est expéditive, et ces roitelets ne rechignent pas au trafic d'esclaves pour s'enrichir. L'impératrice Zaouditou, conseillée par Tafari, s'efforce de maintenir l'unité de ce vaste empire féodal.

Son père l'emmène au marché indigène de l'Arada. Ils se fraient un passage parmi la cohue des ânes chargés de ballots, des chalands agitant un chasse-mouches, des serviteurs empressés d'ouvrir le chemin à leur hobereau juché sur un mulet. Des lépreux mendient, leurs moignons exposés. On les chasse à coups de pierres. Pourtant la lèpre blanche n'est pas contagieuse, mais qui le sait ? Des nuées de mouches sur les visages des enfants en bandes chétives. « Vous allez attraper toutes les maladies de l'Afrique », leur prédit la mère. Des étals à même le sol : des grands sacs d'épices, de café, graines, cotonnades, piments, savons de Marseille, allumettes suédoises, bougies, bijoux d'argent, vannerie colorée. Sa teinte de cheveux étonne, des mains se tendent... des rires... Elle ne comprend pas l'éthiopien, mais ce ne sont pas des mots méchants. La foule l'entoure. Malgré tout, la peur lui tord l'estomac... Son père la dégage sans ménagement de ce groupe trop curieux.

– Tu vois, ce Soudanais en turban ? À qui veut payer, il fournit des esclaves...

– Mais..., balbutie Marie-Eugénie.

– C'est interdit, mais ça existe encore. L'empereur Ménélik l'a toléré car il n'avait pas les moyens de contrôler les frontières, c'est trop grand, et

Zaouditou ferme les yeux. On les reconnaît à la marque, là (il montre sa tempe)… au fer…

– Alors, le boy de Pandora, celui qui a porté ma valise à la gare, c'était donc… ?

– Basile l'a trouvé au fond d'un wagon, presque mourant… C'est un Oualamo, ou un Chanqalla, je ne sais plus…

Au centre du marché, parmi les branches d'un sycomore au tronc centenaire, deux pendus. Dans la foule indifférente, non loin d'un troupeau de moutons, deux adolescents se masturbent en les regardant. Des vautours planent en bandes inquiétantes. Son père détourne les yeux sans un mot. Elle se signe d'un geste convulsif.

Puis, au jour dit, la saison des pluies arrive. Henri Collomb, un jeune médecin français, venu un soir la soigner d'une sorte d'asthme, lui demande si elle a vu les citadelles en ruines, gorgées de fresques délicates, croupissant dans la végétation, à Gondar. Si elle est allée jusqu'au lac Tana ou au Harar voir les minarets. Si elle a vu les églises sculptées dans la roche de Lalibéla ou les stèles d'Aksoum, dans le Nord. Si elle est montée jusqu'à Entoto. Si elle… Que n'est-elle libre d'aller où elle veut ! Que n'est-elle d'un autre clan !

Elle soupire, les larmes perlent à ses yeux, elle essaie de réprimer un accès de toux. « La toux et l'amour sont les deux seules choses qu'on ne peut dissimuler », plaisante sa mère. « Vous avez du mal à respirer, ici », diagnostique le jeune médecin avec une ambiguïté voulue. Marie-Eugénie acquiesce. Quel poids que cette attente ! Quel ennui ! Il continue en français, langue que Marie-Eugénie a apprise au lycée, il s'attarde en lui vantant les beautés à découvrir et la mère s'agite pour faire cesser cet échange qu'elle ne contrôle pas.

La pluie le jour la pluie la nuit la pluie toujours, la pluie sur Habasât, la pluie sur l'Abyssinie, sa première saison des pluies en Éthiopie... Longs jours immobiles, enfouis, engloutis. Allongée sur son lit, Marie-Eugénie fait le tour de son « domaine » : quatre murs ocre qu'elle déteste, une armoire peinte, son trousseau de mariage – draps, nappes, chemises en batiste et dentelles que sa tante Matta avait conservés après ses fiançailles rompues. Matta... inlassable tante Matta qui traduit les Anciens en grec moderne, en anglais, qui brode, qui console Uranie, sujette à la mélancolie, qui goûte la musique classique et les soirées littéraires... Matta toujours en noir, portant le deuil d'un certain M. Eftimios ? Une fois, tante Uranie avait soupiré : « Était-il vraiment nécessaire de renoncer à ce mariage ? Je me sens si malade, qui veillera sur toi quand je... serai partie ? » Tante Matta avait souri : « Il doit maintenant avoir des cheveux blancs, des petits-enfants... » Mais que sait-on du chagrin des autres ? Peut-être avait-elle rêvé des années durant à son seul amour... avait-elle gardé ses lettres, une photo... Matta jeune fille ? gaie ? un tantinet guindée ? et cet Eftimios : moustachu, bottiné ? avec une canne ? tout énamouré, un peu niais ? Le cercle des parents vigilant ? Uranie moqueuse, un peu jalouse, qui sait ? Le jeune homme déclarant sa flamme après quelques visites... combien ? une, deux saisons, un été ? Il l'emmène à Vougliagméni, la baie limpide non loin d'Athènes ; le long des roches rouges ourlées de pins, ils marchent sous les lauriers, elle, légère, dans une cotonnade blanche ; la chaleur l'alanguit, lui la désire crûment, mais le lui faire savoir l'effaroucherait, et puis c'est autre chose qu'il veut d'elle ; ils flânent ainsi sans cesser de deviser. Puis à une terrasse, elle encore plus désirable, sa main gracile aux ongles en amande tenant une boisson glacée. Il l'épousera, c'est sa compagne. Elle clôt les yeux sans perdre son maintien, mais offerte, il en est sûr, ses joues plus rouges sous son regard. Et plus tard, elle chuchote oui oui oui quand il l'embrasse. Soirée tiède, batiste effleurée sur les seins doux, oh oui! oh oui! marions-nous! Ils rentrent lentement vers la ville, enlacés, défaillant au creux de la calèche qui les berce jusque tard dans la nuit… Puis, l'hiver, le départ du frère en Éthiopie manigancé par cette beauté acerbe que personne n'estimait, les parents s'affaiblissant brutalement, Uranie toussant de cette petite tuberculose qui allait l'anémier sa vie durant, désemparée… Alors Matta : « Eftimios, je vous rends votre parole. » Non, trop cérémonieux : « Eftimios, comme vous le savez, en tant qu'aînée… » Non, pas ça, plutôt : « Eftimios, je ne vous aime plus. Voilà tout » – pour l'aider à se déprendre d'elle, et lui, incrédule, la prie de s'expliquer, la cajole, la menace, n'y comprenant rien, ne devinant pas le sacrifice qu'elle s'impose, puis, ulcéré, outragé devant son silence, part en claquant la porte. Et Matta crispée, le souffle court, butée, le bruit de cette porte résonnant à ses oreilles pendant le reste de sa vie. Et l'envie de courir après lui, le rechercher… Mais qu'est-ce que j'en sais ?… Chère chère tante Matta… Avec quelle nostalgie ne lui avait-elle pas transmis ces reliques en lui disant : « Sois heureuse, sois passionnément heureuse ! »

Elle n'entend pas sa mère qui crie :

– Marie-Eugéniiie !!! descends vite ! *grigora* !

La saison des pluies… Sur les pages colorées d'un livre ancien prêté par l'enthousiaste docteur Collomb, Marie-Eugénie découvre l'Éthiopie que sa famille lui dérobe par ignorance ou par paresse… scribes pensifs venus d'au-delà le Nil pour quérir les herbes sacrées que les pharaons troquaient contre des sculptures en or… Marins grecs sillonnant cette mer de coraux, hantés par les magnificences accouplées de la reine de Saba et de Salomon le Juste… Marchands de Cathay aux vaisseaux remplis de tapis de soie… Derviches tourneurs surgis des sables de l'autre côté du détroit de Bab el-Mandeb pour chercher l'encens, la myrrhe, les peaux, les plumes d'autruche…

– Bon sang, mais l'Allemande est sourde ! Quand saura-t-elle…

… Sa rêverie l'entraîne vers ces rivages qu'elle a longés elle aussi sur le *Roland-Garros*. Certains de ces navigateurs ont dû s'ancrer dans une crique, former des caravanes, partir chasser l'éléphant au-delà des hauts plateaux de l'intérieur, guidés par les pisteurs, franchir les cols enneigés, respirer sauvagement le ciel sur les *ambas*[1], et, peu à peu, renonçant à leur convoitise pour l'or des Lacs, l'ivoire et les émeraudes, insensiblement

1. *Ambas* : hauts massifs rocheux.

absorbés par le pays d'Habasât, ils ont dû finir par oublier leur langue, les saveurs d'autrefois, ils ont changé de nom, construit des maisons de leurs mains, et, arrêtés là, près d'une femme altière, délivrés de tout désir de lucre, l'œil enfin rendu voyant, ils se sont laissés conquérir par ce pays tellement plus grand qu'eux...

– Marie-Eugéniiiie, pour la dernièèèrrre fois, descends donc m'aider ! Tu n'es plus malade, ne me fais pas ce coup-là ! s'impatiente sa mère.

Dieu que cette femme a une voix vulgaire ! s'agace Marie-Eugénie qui, pour autant, ne bouge pas.

Elle tourne les pages, et ce sont les miroitements de l'or des ciboires et des croix diamantées brandis par les prêtres manifestant leur âpre désir de Dieu, leur rage de sacrifice, leur soif de victoire contre les adorateurs de la Lune, du Croissant, des Esprits, érigeant des stèles vers le ciel, sculptant dans la roche souterraine de rudes bâtiments cruciformes, en hommage à un cadavre décharné, cloué en croix qu'ils dessinent, peignent sur le moindre mur, le moindre caillou, traçant une géographie sacrée que les *dabtaras*[1] encapuchonnés de brocarts rouges,

1. *Dabtaras* : religieux coptes orthodoxes.

mauves, orange honorent aujourd'hui du pas des pèlerins… le royaume du prêtre Jean qui a tant intrigué les mystiques du Moyen Age…

La pluie le jour… la pluie la nuit…

– Marie-Eugénie, descends, comment feras-tu avec ton mari si tu ne sais pas t'occuper d'une maison ?… Laisse donc ces satanés livres, ça ne sert à *rien*, glapit la mère d'une voix de maquerelle qui transperce les murs et arrache enfin sa fille à ses songes.

Marie-Eugénie se résigne à descendre. Sa mère bougonne que c'est trop tard. Dans le salon, Iris s'abîme dans les figures d'un tarot égyptien ; sans se lasser, elle traque les ténèbres de l'avenir et fait montre de subtilité dans ses prédictions, comme si elle changeait de personnalité. Finesse surprenante mais hélas fugitive, car Iris, cultivant le malentendu, prend un grossier plaisir à dresser sa mère contre ses sœurs. Alkisti crayonne des natures mortes ; son timide talent s'acharne à l'ascèse du dessin, l'isole des sournoiseries d'Iris et des tourments de Marie-Eugénie. Parfois, elle les fait prendre la pose. Dans la véranda blafarde, les boys Gouragué, les bras ballants, se tiennent debout, à l'arrière du tableau. Au-dehors, un ciel presque noir, convulsé. Les trois femmes sont assises, mains molles, regard vide. Personne ne sourit. La mère perd de sa rudesse sous le fusain d'Alkisti.

À la lumière affaiblie par la pluie, Marie-Eugénie s'enfouit dans un dédale de romans, de vieux illustrés, de magazines, de catalogues parisiens qu'elle déniche dans la remise, venus d'on ne sait où, en grec, en français, en anglais… Le père lui offre *La Légende des siècles*. Aidée d'Alkisti, elle commence à dessiner et fabriquer des masques pour les fêtes. Masques de théâtre à l'antique, loups enrichis de plumes, de soie couvrant la bouche, or, paillettes, couleurs…

Mais elle languit d'un avenir qui ne s'annonce pas. Souvent, elle suffoque. Des pleurs, une rage, de puissants désirs la dévastent, et ses gémissements se mêlent au martèlement de la pluie.

Les pluies liquéfient chemins et montures, inondent les jardins goussus, isolent chaque village d'une barrière d'eau fine persistante, les torrents gonflent en fleuves menaçants, des bruits de tonnerre roulent sur les ambas ; les pluies crépitent sur les tôles des toits comme d'innombrables becs de pigeons, empêchent de quitter les toucouls où l'on s'ennuie à périr, le ventre creux ; les pluies lacèrent d'eau vive les pèlerins, noyant les sabots des mules, s'insinuant dans chaque faille des pierres, dans chaque creux d'écorce, dans chaque pli de la terre, de la chair, et les heures s'étirent à l'infini, et le pays se blottit sous un ciel livide ; cette pluie incessante dissout jusqu'au temps lui-même comme un long pleur qui embourbe l'âme.

Dans la ville haute, derrière les fenêtres d'un bar, un homme regarde tomber la pluie sur la ville endormie, et son visage énergique cache la morosité de ses pensées. Ses années de guerre dans les âpres montagnes du nord de la Grèce ont été sa seule université, avec la Bible et l'œuvre de Shakespeare qu'il relit souvent. Et sa blessure (la balle toujours fichée près de sa colonne vertébrale), son unique diplôme. La trentaine passée, de brèves liaisons ont épuisé ses illusions sur l'amour (au pire c'était le désir de s'abolir, de n'être rien ; au mieux, un strabisme orgueilleux sur l'être réel, mais, non, sans doute n'était-ce pas *elle*), pourtant London songe à se marier. Ce soir, sous ce lancinant déluge, il se sent envahi par la même sensation d'absurdité qui l'empoignait pendant ses tours de garde, alors qu'il veillait, soldat, entouré d'une obscurité frémissant de menaces diffuses…

Tandis que l'intendant en chef du Palais, Iasou, s'ébroue dans une rhétorique obséquieuse, London fume un cigare. Le temps qu'il se consume, l'Éthiopien dira ce qui l'amène. Il fume et opine de la tête, jette un bref oui, non. Même pour les commandes les plus routinières, qu'il fait aux cousins de London, Iasou procède ainsi, de façon indirecte, compliquée, exaspérant les deux cousins, pourtant rodés aux manières africaines. Iasou se croirait méprisé si on le bousculait, et London patiente en détaillant le cuir vert des banquettes, craquelé par endroits, le bar de tek sous les lampes 1900, le billard sur les tapis d'Iran encore beaux. Il pourrait tout décrire les yeux fermés, au cendrier près... Il jette un regard peu amène sur ces Blancs qui s'enivrent avec méthode presque chaque soir : Kostas le Strié, un chineur marqué par la vérole, le prince Michel, alcoolique au charme exténué, l'orgueilleux Sabbras, le vice-consul, et d'autres dont il connaît la rengaine, les petits secrets... Rien ne le presse de regagner la villa d'Athanase et Petros, ses deux cousins-associés, dans le quartier blanc. Iasou continue de parler sans soupçonner que les pensées de son interlocuteur errent ailleurs... London se plaît à Addis, l'Éthiopie est un pays de cocagne pour les Grecs qui ont délaissé leurs oliveraies centenaires ; ici, affaires, villas, boys, mariages entre eux, l'église, quelques fêtes, des placements, une descendance, et, pour finir, le retour dans le petit cimetière d'une île inhospitalière, d'un village desséché... « Où l'on est bien, là est la patrie », oui, mais où trouver celle avec qui il pourrait... ? Les jeunes Grecques qu'il connaît sont des péronnelles, pas même jolies, assotties par le confort et flanquées de toupies fielleuses à qui elles finiront par ressembler.

Kraus leur sert des cognacs, et ce geste dévoile un tatouage en forme de poignard que dissimule mal sa gourmette en or. Ce soir, son gramophone chuinte du Chopin, car son humeur est gaie. C'est Wagner quand Kraus se demande combien de temps il tiendra dans ce pays arriéré. L'Afrique vous démolit un homme en si peu de temps... Pourtant, il reste à écouter ses clients, figés dans une pose inchangée durant des années, débiter des répliques usées jusqu'à la corde en buvant sec... Pourtant, il reste, trafique, prend des risques, et, en regardant le bel Abdallah, il se répète qu'il vit là peut-être ses meilleurs jours. Il sifflote en les servant.

London est un habitué qui remporte, année après année, les coupes du tournoi impérial de billard, et Iasou, un compère en trafic. Aussi les sert-il d'une généreuse rasade, puis il les quitte en leur laissant la bouteille après quelques banalités de courtoisie.

Enfin Iasou, en baissant la voix, sollicite London pour qu'il soit son intermédiaire auprès du journaliste italien Pietro Daiola, collectionneur d'œuvres d'art.

– Votre cousin Athanase, n'est-ce pas, connaît bien sa sœur, la Carusa, et peut-être pourrait-il, n'est-ce pas...

À Addis tout se sait, et les amours adultères d'Athanase fournissent à la rumeur un piquant sujet de conversation, fréquemment renouvelé... Oui, Athanase *connaît* bien la Carusa...

– Un manuscrit de l'époque de Ménélik serait-il susceptible de l'intéresser ? Il faut rester discret. Je ne parle pas l'italien...

London s'étonne de ces précautions, mais ne pipe mot. Si Iasou désire qu'il joue les intermédiaires, l'affaire doit être louche. Qu'importe. L'Éthiopien omet de dire que le ministère de la Mémoire abyssine et de la Plume va incessamment promulguer un décret interdisant tout trafic du patrimoine culturel afin d'enrayer le pillage des icônes, des objets cultuels, des manuscrits enluminés qui vont enrichir musées et collections privées d'Europe ou d'ailleurs. La ruse et une certaine anxiété ferment le visage maussade de ce Galla qui doit se laisser corrompre par Kraus – ou par d'autres, songe London. D'une intelligence médiocre, et sans un brin d'humour, il semble comme perpétuellement chagriné par la vie. Mais inestimable en ces contrées car, dans ses transactions, Iasou est de parole. Bien sûr, il accepte les « cadeaux », mais c'est par routine, sans plus.

Après s'être assuré de l'accord de London, l'Éthiopien trempe ses lèvres et avale un peu de cognac, puis s'en va sans plus tarder.

London suit Iasou des yeux à travers la vitre : le Galla se dilue dans le ruissellement zébré de la pluie, sa longue cape absorbée par la nuit. Quitter l'Éthiopie, vivre aux États-Unis est la seule ambition de ce morne jeune homme qui ne rêve que de fortune rapide et de modernité tapageuse. London a essayé une seule fois de l'en dissuader – la susceptibilité du Galla et sa naïveté obstinée, récusant tout argument raisonnable, l'ont fait rapidement se taire.

London soupire, la soirée s'éternise, il n'a toujours pas envie de rentrer. De temps à autre, quand il s'ennuie trop, histoire de réveiller le cercle fantomatique des habitués – journalistes européens en panne d'articles, fonctionnaires à combines juteuses, professionnels du poker et autres trafiquants de *qat*[1] ou d'armes, commerçants en proie à la nostalgie (pas de prostituées, Kraus tient à sa licence) –, il lance un verre à liqueur en l'air, sur lequel il tire au revolver. Mais, même ça, il n'en a pas envie ce soir. Quand il l'a vu faire la première fois, Kraus, le patron du café-billard, lui a fourni son flaubert[2] en lui disant : « Prix d'ami. Toi, au moins, tu sauras t'en servir. » De la part de ce baroudeur dont le visage trahit l'audace et la débauche, c'était un compliment. Abdallah, le boy harari, maugrée de devoir ramasser les éclats de verre, mais sa brutalité de parade n'inquiète en rien London.

La pluie tambourine doucement, interminablement. En catimini, Iasou se faufile dans le *toucoul*[3]. Sans un mot, Myriam le laisse se glisser contre elle. Il aime son avidité, sa docilité au plaisir. Ses roueries apprises sur les grabats n'ont

1. *Qat* : espèce de gomme à mâcher végétale, recherchée pour son pouvoir enivrant, et issue des feuilles de la plante du même nom.

2. Flaubert : petit fusil de chasse servant à tirer les petits oiseaux.

3. *Toucoul* : hutte traditionnelle, ronde en Éthiopie, au toit couvert de chaume.

fait que l'effleurer sans l'abîmer. Après l'amour, ils s'endorment comme des animaux fatigués mêlant leur tiédeur pour se sentir moins seuls.

Cette nuit-là, un cauchemar l'étreint : saint Georges, l'œil plat à l'égyptienne, vêtu d'une tunique bleu de Prusse, le transperce de sa lame, et il s'effondre au milieu de la foule qui le lynche en criant. Il se réveille.

Des voisins pataugent et pouffent dans les ténèbres. Un âne brait au loin. Le sommier de tresses crisse à chaque mouvement. Les braises éteintes, toute l'humidité tombe sur leurs épaules comme une couverture poisseuse.

Si Myriam savait, elle le dénoncerait peut-être… Elle ne pose pas de questions. Se doute-t-elle qu'il trafique des armes ? Trop avisée pour l'importuner ? ou trop naïve ? Elle ne semble connaître que les simplicités du jour, les feux de son amour pour lui, les plaisirs qu'il dispense. Son âme n'a aucun détour, elle vit d'une vie quasi animale, sans autre souci que la subsistance du lendemain et sa dose de qat.

C'est à la tribu de Myriam, qui vit à sept jours de marche d'Addis, qu'il a volé le manuscrit. Avec puérilité, elle l'avait présenté, supputant qu'il se sentirait ainsi davantage lié à elle ; il l'avait laissée faire, trouvant dans ce rite une insinuante douceur.

Lui qui n'avait pas de famille, elle qui n'appartenait qu'à demi à ce hameau qui l'avait recueillie un soir de pluie : ce simulacre de présentations les avait contentés.

Il ne saurait expliquer pourquoi l'idée de voler lui était venue. Une impulsion. Plutôt heureuse, tout compte fait. Dans le fatras de la case principale, il avait pris soin de laisser l'étui de cuir, à peu près certain que personne n'irait vérifier si le rouleau s'y trouvait encore. Ces illettrés, conduits par un chef héréditaire qui les dominait par un grain de malice, n'y attachaient aucune importance : un objet parmi d'autres. Néanmoins, il lui faut faire vite pour s'en débarrasser.

Myriam respire doucement, il pose sa main sur sa croupe rebondie, elle se tourne vers lui et l'enlace dans son sommeil. Ce geste l'apaise, même s'il ne se sent pas épris. Il apprécie sa présence sans complication qui allège ses nuits. London tiendra parole, inutile de s'alarmer. Que n'aura-t-il pas dû faire pour pouvoir s'en aller un jour ! La cape d'apparat pour la prochaine Meskal[1] palpite, comme habitée d'un *zar*[2] vengeur. Le crépitement monotone le rendort.

---

1. Meskal : grande fête annuelle.
2. *Zar* : esprit.

London rentre tard, pestant contre ses chaussures boueuses et l'air qui le glace. À la réflexion, la requête de Iasou lui paraît de plus en plus suspecte, mais se dérober est impossible : l'autre serait capable de changer de fournisseurs, et le Guebbi rapporte de substantiels bénéfices. Il monte se coucher sans bruit. Peut-être le Galla craint-il une rebuffade de Daiola, ou quelque coup tordu. Avec London, pris à témoin de la transaction, le journaliste devra le payer. Une querelle tient Athanase et sa matrone encore debout : elle persifle qu'elle n'a jamais eu la meilleure part des ardeurs de son mari, lequel, avec force cajoleries, l'assure de sa fidélité en se lissant la moustache. Leurs éclats de voix dureront encore un moment, puis ils se réconcilieront d'une rapide étreinte. Ils jouent leur rôle, prévisible jusqu'à la dernière réplique.

Le silence qui suit le fait sourire, ils sont passés au *lento ma non troppo*… Petros, lui, dort depuis longtemps, enseveli sous un monceau de couvertures, coiffé d'un bonnet de nuit qui insupporte sa moitié. Des clowns d'Aristophane se chamaillant de toute éternité…

Dès qu'il s'allonge, Zita, sa chienne, vient se lover sur ses pieds. Sa truffe cherche le creux du genou. Elle le fixe de son bon regard. London lui caresse la tête, elle couine, soupire, ferme les yeux. Si seulement il pouvait partir se promener à cheval, Zita le suivant… Parfois, à la saison sèche, il va chasser, et là, loin de tous, il respire l'Afrique, vibre à sa splendeur, la parcourt comme on prie… Mais où trouver une femme, ici ? Aucune qui lui plaise vraiment. Rentrer en Grèce pour s'y marier ? Hypothèse qu'il récuse aussitôt. Même seul, c'est ici qu'il veut vivre : la grande gentillesse des Éthiopiens, le commerce facile, la beauté du pays… Il ne comprend pas Iasou : il ne misère pas comme tant d'autres ; pourtant, n'a-t-il pas fait lui aussi le choix de s'exiler ? Mais lui, après la guerre, que pouvait-il faire d'autre ? Rentrer dans son village après sa fuite ? son père l'aurait-il repris ? Quant à retourner à cette vie si étriquée, non, il n'aurait pas pu… Bien trop compliqué, à cette heure tardive, de vouloir démêler exil et exil… Dans les draps humides, apaisé par la chaleur de Zita qui dort déjà contre ses jambes, il sombre.

Une femme… une amante… une amie…

3

La saison des pluies cesse comme elle a commencé, brutalement. «*Hoya hoya ho, hoya hoya ho*», entend-on piailler au-delà des palissades. Dans l'air tremble une joie primitive, un soulagement, une délivrance. Les lignes douces des montagnes épousent à nouveau le ciel. Partout les *maskal*, petites fleurs dorées, ont poussé et illuminent les moindres recoins de campagne de ce bourg enfin réveillé. Les Abyssins s'affairent pour le défilé militaire et la fête de la Croix, la Meskal. C'est la fin du *kremt*[1] qu'on chante dans les rues, et la Meskal draine des visiteurs venus de Dirédaoua,

1. *Kremt* : saison des pluies.

du Harar, du Choa ou des confins de régions inconnues de Marie-Eugénie. Le train exhale d'arachnéennes volutes dans l'azur. La nouvelle gare a supplanté les baraques des premiers temps. Sous le soleil, les palissades se décolorent en séchant. Quand donc se passera-t-il quelque chose ?

Tante Matta répétait qu'il fallait tenir « la tête haute », quoi qu'il arrive – mais quand il n'arrive rien ? Alkisti se demande ce que c'est de voir – elle ne cesse de dessiner – et Marie-Eugénie, de vivre. Le père soupire d'aise en voyant les chalands affluer, la mère se réjouit de voir son jardin fleurir à nouveau. Le désir de Marie-Eugénie de se vouloir si férocement une autre s'aiguise. Envolées, les sombres humeurs des premiers temps ; son asthme a guéri, son corps réclame du mouvement. Une fois son père en allé, elle s'applique à quelques exercices de gymnastique suédoise. Ses sœurs, sa mère s'agacent de cette discipline si étrangère à elles. C'est vraiment une Allemande !

Les randonnées à cheval sont sans cesse remises. Intérieurement elle trépigne, voudrait s'échapper. Mais comment, sans argent, seule, dans cette Afrique qu'elle ne connaît pas ? Quel travail pourrait-elle faire ? Ni son éducation ni son tempérament ne l'incitent à une telle rupture maintenant qu'elle a retrouvé sa famille. Une famille – encore que le terme s'applique mal à cette mère et à ces sœurs si vexantes – qui ne la laissera partir que mariée. Elle ne le sait que trop, et son impatience ne change rien à la lenteur des choses. Patience, donc, se répète-t-elle, tout en maudissant ces palissades qui la séparent de la vie. Dans le marc de café, Iris prophétise pour très bientôt son propre mariage avec un regard pervers qui glace ses deux sœurs.

«*Hoya hoya ho, ya gna guetta ho, hoya hoya ho*», chantent des enfants qui s'égaillent dans l'allée d'eucalyptus pendant tout l'après-midi, la veille de la Meskal. Un boy avertit Marie-Eugénie : «*Demain, la place sera si remplie que si on jette une pierre, elle tombera sur la tête des gens.*» Elle leur donne des *bessa*, piécettes qui tintent dans leurs poches. Les enfants rient. «*Hoya hoya ho, ya gna guetta, hoya hoya ho*» – les voix suraiguës des messagers de la saison sèche s'éloignent de la gare et déroulent un ruban de fête qui caracole, de maison en maison, jusqu'à la ville haute. Parfois un thaler les fait glapir de joie.

Au crépuscule, les torches étoilent de leurs lueurs mouvantes les collines ouatées de brume. La famille de Marie-Eugénie marche en silence, un grand cierge à la main, vers la ville haute. Marie-Eugénie sent la chaleur crépitante non loin de son visage. De partout des silhouettes et leurs flammes fantasques convergent et se rejoignent. Comme dans les temps anciens, on va au temple rendre grâces à la Déesse-mère aux seins gonflés, dans la toute-puissance de sa fécondité, chacun envahi par la gaieté des douceurs à venir, rempli d'humilité pour cet ordonnancement qu'Elle leur impose, les faisant tour à tour se terrer, l'œil crispé sur le ciel maussade, le ventre en famine, puis s'ébrouer, s'accoupler, chasser, semer… ici comme ailleurs, aujourd'hui comme hier…

Intense, la blancheur de l'œil entourée du reflet cuivré des pommettes émaciées des Éthiopiens ; évidente, la veulerie de la bouche de son père, guide attristé qui ne la mène nulle part ; étrange, le profil d'oiseau de proie de sa prophétesse de sœur ; prégnantes, les odeurs de pourri, de terre mouillée, d'eucalyptus se consumant mal dans l'obscurité des rues-sentiers, des allées-bosquets, de la ville-forêt. La cohorte de feux follets, d'ombres drapées s'élargit en montant lentement vers l'église Saint-Georges, accompagnée du son des longues trompettes et des flûtes… Après des chants, un grand bûcher est préparé pour le lendemain. On y brûlera un mât central. La foule s'éparpille comme à regret…

La famille de Marie-Eugénie revient en carriole, le boy fredonne une mélopée et dans la nuit profonde des voix lui répondent. De petits groupes esquissent des pas de danse sur des chemins obscurs. La lune rousse veille, le doux bruit des sabots sur le sol scande le bercement de la carriole et la chanson au-dessus du silence s'affaiblit peu à peu. Des rires de femmes caressées fusent non loin des palissades. Une pierre roule. Le boy se tait… Puis plus rien.

Le lendemain, et pendant plusieurs mois, il fera beau. Très haut dans le ciel, au-dessus de la foule, tournoient des éperviers qui épient les mouvements de cette masse confuse et bourdonnante… Marie-Eugénie et les siens attendent sous le soleil. Des tribus venues à dos de mule, à cheval, à pied, s'agglutinent ici. La jeune Athénienne peut admirer des braves parés des crinières des lions qu'ils ont tués, des femmes aux cheveux lustrés de beurre rance odorant, tandis que les musiciens débrident les cœurs, que des poètes riment et miment le combat du roi Lalibäla et de son frère Harbary. Des jeunesses rient en balançant le corps, avec un sec recul de la tête et du torse qui découvre leurs seins, et, bouche ouverte, défient les mâles…

Les Blancs se tassent d'un côté de la place, tout contre l'église.

«*La place sera si remplie que si l'on jette une pierre, elle tombera sur la tête...*» La multitude en liesse a envahi la place, mais Marie-Eugénie appréhende les foules, l'incident qui tourne à la tragédie, elle redoute la pulsion immémoriale qui pourrait se déchaîner, étouffer, piétiner, lyncher, tuer, tout détruire si... Son père la présente à un homme, encore jeune, les traits tirés, qu'elle n'a jamais aperçu à l'église.

– London, enfin Leonidas...

– Mademoiselle, enchanté.

Il s'incline pour la saluer.

Quelle chevelure flamboyante ! Et un air décidé. Sa main robuste et parfumée. Sa peau laiteuse, ses yeux verts presque bridés. Posément il la détaille. Quelques reflets des vitraux de Saint-Froumendios ondoient sur ses cheveux, sur sa jaquette turquoise et sur son corsage blanc... Des coups de feu tirés en l'air par les soldats qui s'approchent la font tressaillir. Elle triture un fil de laine qu'elle a ramassé à l'intérieur de la nef. Elle ne ressemble pas à son clan. Pas encore entamée par les défaites, vive mais douloureuse. Vous avez la douceur d'un pastel : voilà ce qu'il voudrait lui dire, mais comment le lui dire ?

– Monsieur, répond-elle.

Calme elle aussi, elle ne cille pas.

Grand, maigre, l'air sérieux. Une brûlure en lui, quelque chose d'inassouvi, d'angoissé même. Persévérant, anguleux. Elle rosit à la pensée qu'il ne lui déplaît pas. Elle détourne les yeux, glisse ses mains dans ses poches. Elle se gourmande : trop rapide, irréfléchie, tu lis trop de mauvais romans... Mais son cœur bat.

– Ah! Leonidas, je passerai la semaine prochaine torréfier mon café... Vos cousins vont-ils venir? Il faut que je les voie, interroge le père en scrutant avec minutie l'entrée de la place.

– Ils discutent avec Kraus, le patron du billard, là-bas en face.

Marie-Eugénie aperçoit deux obèses qui s'agitent : Petros, un chauve à lunettes, et un brun moustachu, Athanase. Ils se querellent avec Kraus, flanqué d'un éphèbe arabe. Elle tente de se souvenir de ce qu'on lui a dit sur eux, ainsi que sur Leonidas que les Éthiopiens ont surnommé London à cause de son prénom trop difficile à prononcer. Champion de tir, de billard...

En silence, les yeux vagues, Iris, appuyée à l'épaule d'Alkisti, entrevoit à l'accéléré une gerbe d'images de la vie de London. Ça l'empoigne toujours à l'improviste : il grelotte de froid, des montagnes sous la neige, une vive douleur dans le dos, il gémit… puis ça s'arrête, elle retrouve à nouveau la place, le bruit, la réalité… Elle n'aime pas ce qui la saisit hors de sa volonté, cet afflux d'images parfois si indiscrètes de la vie des autres, elle n'aime pas ces animaux qui s'appellent eux-mêmes des hommes, elle n'aime pas London, elle n'aime pas la Meskal…

– Je n'aime pas la Meskal ! lance-t-elle avec assurance.

– Moi, j'adore les fêtes, la musique, susurre Alkisti en coulant un regard humide vers London. Si je peux, je ferai une toile de celle-ci… dans le genre pointilliste… Et vous ?

– Oh toi ! pourvu que tu n'aies rien à faire, intervient la mère. Vous savez, elle coche par avance sur le calendrier tous les jours fériés : ces jours-là, on ne peut rien en tirer, elle ne fait rien à la maison…

London ne réagit pas, refuse la connivence cancanière, et Marie-Eugénie perçoit qu'il n'apprécie pas sa mère, ce qui lui fait plaisir.

– Je *dessine*, réplique sans s'émouvoir Alkisti, en appuyant bien sur le verbe.

Tout le monde sourit de la « paresse » d'Alkisti dont nul ne prend au sérieux la récente vocation de peintre. Sa nonchalance énerve sa mère qui n'en peut mais. Entre sa jeune sœur et Marie-Eugénie s'est peu à peu tissée une muette alliance pour résister à la tyrannie des travaux domestiques.

– Comment trouvez-vous l'Éthiopie ? murmure London à l'adresse de Marie-Eugénie.

Elle ne répond pas, mais soupire. L'air occupés à attendre le défilé – lui, continuant la conversation avec Iris, elle, faisant mine d'être absorbée par la palette chatoyante des parures de fête –, ils s'apprivoisent en silence, éprouvant une sensation de complicité, comme posés dans l'œil d'un cyclone, tout s'affolant et s'agitant autour d'eux sur diverses épaisseurs de temps…

De loin, se frayant un chemin avec lenteur, plusieurs huissiers vêtus de toisons de mouton, pieds nus, tenant un grand bâton biblique, s'avancent, suivis de l'impératrice Zaouditou et des ras à cheval protégés par de vastes parasols tenus par des colosses. L'*abouna* (l'évêque) et les prêtres psalmodient plus loin derrière eux. La foule recule, puis se presse en avant pour mieux voir ses maîtres ; elle ondule…

– C'est ça, la Meskal : deux fêtes qui se superposent. Le renouveau de la belle saison, la fête païenne…, et la chrétienne, explique London à Marie-Eugénie.

– Heureusement que nous sommes en pays orthodoxe, heureusement ! soupire la mère.

– On honore sainte Hélène qui a retrouvé la croix, poursuit London.

– Oui, on me l'a dit, murmure Marie-Eugénie.

– Quand elle s'est rendue au Golgotha, comment savoir quelle était la bonne croix? interroge Alkisti, désireuse de capter l'attention de London.

– Un miracle a désigné la vraie : une fumée s'est abaissée vers celle du Christ, répond Iris.

– Mais non, intervient le père. Au Golgotha, il y avait un enterrement, et on a exposé le mort aux trois croix. Près de l'une d'elles, le mort a ressuscité… Voilà la légende.

– Sainte Hélène rachète notre belle traîtresse Hélène…, commente comme pour lui-même London, en continuant de dévisager Marie-Eugénie, laquelle affronte son regard sans se sentir gênée.

Un vol d'ibis traverse le ciel, Iris les suit longtemps de son regard sombre, sourcils froncés, absorbée, puis lâche :

– Ou l'on croit au surnaturel… ou l'on n'y croit pas! Ici aussi, ils croient aux zars. Les boys vont en cachette à des cérémonies où l'on sacrifie des poulets. Ils font de drôles de choses, ils ont des transes… Vous savez ça, London?

– Qui te l'a dit? Ils t'ont invitée? persifle Alkisti.

– Comme à Delphes, la Pythie, il y avait bien quelque chose qui la faisait prédire ! poursuit Iris sans relever la remarque de sa sœur.

– Toi et tes visions ! jette la mère, agacée.

– Moi aussi j'en ai ! Enfin c'est elles qui m'ont..., réplique Iris.

– Diableries que tout ça ! insiste la mère.

– Oh, ça va ! je m'en souviens bien, allez ! Un coup d'eau bénite ! des prières ! *Vade retro Satanas* ! Et on m'a fourrée sous les jupes du pope ! Arrière, Satan ! Et le crucifix sur moi... J'ai failli devenir folle de peur ! Et comme si la petite cérémonie ne suffisait pas, allez, maman m'a mise en quarantaine ! défense de m'embrasser ! à six ans !

– C'est fini, vous deux ? Où vous croyez-vous ? tranche le père.

– Dieu, qu'il fait chaud maintenant ! Si seulement on pouvait rentrer, se plaint Iris. (Puis, avec une franche rancœur, elle poursuit :) M'avoir fait ça ! Enfin, quand j'ai pu sortir de sa soutane, le pope a déclaré que j'étais exorcisée. Pouah ! qu'il sentait mauvais ! Quel infect relent d'homme mal lavé...

– C'est du passé, Iris, tu ne vas pas continuer à me le reprocher..., s'exaspère la mère.

S'adressant à Marie-Eugénie qui découvre cette histoire d'exorcisme, Iris enchaîne avec perfidie :

– Papa l'a calmée en lui disant : Ça suffit avec la petite, regarde Matta et Uranie, elles font bien tourner les tables, et le diable n'y est pour rien !

– Tu sais, les tantes, c'était par jeu..., commence Marie-Eugénie pour défendre Matta et Uranie.

Iris l'interrompt en geignant :

– Tu parles ! Arrête, avec tes deux saintes ! Bien sûr qu'elles y croient ! Oh, que j'ai mal aux pieds ! Il fait au moins quarante avec tous ces gens-là... Et ce défilé ridicule, chaque année on y a droit...

Son regard ironique parcourt la foule.

– *Macaco vestito da festa*, tous des macaques en vêtements de fête ! lance-t-elle à London qui se met à rire de bon cœur.

Non loin du groupe des Grecs, portant sur la tête des bassines remplies d'oranges et de beignets de grains grillés, des beautés tentent avec gaieté de s'approcher au plus près du cortège en bousculant ceux de devant. Remous, chammas qui volettent, coups, cris vite apaisés. Des oranges juteuses roulent, écrasées, sur le sol... Pendant quelques secondes, Marie-Eugénie épie ces soubresauts, London s'alarme lui aussi, mais l'échauffourée retombe tout aussitôt. Leurs regards se croisent, il lit dans le sien encore un peu d'anxiété.

– N'ayez pas peur, elles viennent d'une région de gens paisibles, et personne n'a encore trop bu.

Elle lui sourit en penchant sa tête de côté et en plissant légèrement les yeux, confuse. Beaucoup de charme, se dit-il.

– Iris n'a pas tort. À Corfou, on promène la pantoufle de saint Spiridon. Elle s'userait, d'après les fidèles, dans son étui, à l'église, pendant le reste de l'année, dit Marie-Eugénie pour se donner une contenance.

– Et à Salonique, de la côte du saint coulerait de l'eau parfumée, reprend Iris.

– Alors, divin ou diabolique ? questionne Marie-Eugénie.

– Croire au surnaturel, croire tout court est nécessaire aux hommes, ça les tient, répond London, sans s'expliquer davantage.

Ils se taisent, un peu gênés de tant parler devant les autres qui écoutent en essayant de n'en rien perdre.

Puis London reprend à la cantonade (mais c'est pour elle seule) :

– Le Vendredi saint est le seul jour où je vais à l'église : je porte le catafalque.

– Vous ne pratiquez pas davantage ?

C'est donc pour ça qu'elle ne l'a jamais remarqué jusqu'ici parmi les fidèles.

– Les popes sont des intermédiaires inutiles, tranche-t-il sans se soucier de l'air pincé que prend la mère.

Celle-ci ravale le cinglant commentaire qu'elle s'apprêtait à faire. Elle qui ne craint personne semble redouter London.

– Ah ! Leonidas, faites-nous livrer à la maison – pas au restaurant – du thé et du cognac, du vôtre, bien sûr, intervient le père avec un clin d'œil, coupant ainsi court à cette discussion qui l'impatiente.

Parmi les dignitaires à cheval, London reconnaît le ministre Fasika en costume européen. Les autres croulent sous les brocarts : le vieux conseiller Giorgis, les ras Kasa et Emmeru entourant Tafari, d'une étonnante pâleur, suivis d'hommes à pied, parasols rouges brodés d'or, l'intendant Iasou en cape écarlate qui fixe un lointain horizon. Suivent le métropolite Matewos, les diacres encapuchonnés comme des princesses chinoises – orange, noir, or, vert –, les croix scintillantes, les mules harnachées. Débauche de couleurs, étincellements, odeurs des peaux de fauves, des chevelures beurrées, fragrances entêtantes, musique lancinante, toutes ces sensations laissent Marie-Eugénie déroutée. Athènes semble si lointaine, tout à coup. Exotisme d'une Éthiopie encore immergée dans l'arriération? Trop facile de récuser ainsi ce qui la trouble. Les crinières des lions, les lances et les boucliers, ces hommes si différents la plongent dans la perplexité. Des repères lui manquent pour comprendre… C'est l'admiration du docteur Henri Collomb qui l'étonne le plus. Quand il lui avait prêté ses livres sur l'Éthiopie, ses yeux brillaient : tout le passionne dans cette contrée… Que ne sait-elle pas voir? Surprise (non, ce ne sont pas des sauvages, comme dit sa mère, mais Marie-Eugénie ne l'écoute plus : personnage trop primaire, c'est définitif), curieuse mais pas séduite. Elle absorbe la nouveauté sans cesser de se demander où est son propre rôle dans ce conte étranger, vaguement inquiétant. Pourquoi le destin l'a-t-il amenée ici? Pour quelle tâche? Y a-t-elle au demeurant une place?

On enflamme le bûcher préparé la veille, tandis que sistres et tambours s'emballent pour fêter le Renouveau.

London prend congé. Elle peut l'observer tandis qu'il traverse lentement le défilé et rejoint le gros chauve à lunettes et ce brun à l'air prétentieux qui déplaît d'emblée à Marie-Eugénie : une quintessence du mâle grec, hâbleur, roublard et coureur. Ni l'exil ni la fortune ne les auront donc dégrossis, ils traîneront toujours la terre de leur village à leurs semelles.

Est-ce que… est-ce que London viendra ? Franchira-t-il ces maudites palissades ? Pour elle ? Le cognac servira-t-il de prétexte ? Il lui a semblé que Leonidas… – elle apprivoise son prénom en le tournant et retournant avec précaution dans sa tête, essayant d'entendre ce que peuvent lui dire ces nouvelles syllabes. Leonidas, le prestigieux vaincu des Thermopyles – Leonidas lui évoque quoi ? ce nom cache quoi ? – il lui a semblé que Leonidas était… comment dire ?… intéressé (trop trivial), sensible (trop mièvre), attiré (trop fort, prématuré), curieux (trop neutre) ? Oh, et puis zut avec ces adjectifs trop imprécis… Il était là, dans cette ville, et c'était tout ce qui comptait désormais.

Mais l'avait-il seulement remarquée ?

*
* *

Sous les tentures bordeaux de la tente de cérémonie qui plongent les invités dans une pénombre étouffante, on a déroulé les tapis d'une Éthiopie mythique que foulent les pieds nus des gardes, les sandales des fonctionnaires, les mocassins luisants des ambassadeurs. Palabrent dans leurs harnachements hiératiques les princes et les conseillers de la cour. Les journalistes s'agitent. Iasou transpire sous sa cape et se mêle à la délégation jacassante des Italiens où revient sans cesse le nom de Mussolini. Daiola l'entraîne dans un recoin plus sombre. Il glisse sans hâte le rouleau du manuscrit dans sa serviette de cuir fatigué.

– *Take the money. Prego. Have you other papers of this kind?*, questionne Pietro Daiola en posant sa main sur l'épaule de l'Éthiopien, qui se raidit.

Il n'aime pas l'odeur aigrelette qu'exhale le souffle alcoolisé du journaliste. Ce visage de jeune sénateur romain, ces yeux fureteurs, sa mine hautaine, trahissent le mépris dans lequel il tient autrui. Au Palais, Daiola est souvent critiqué pour ses articles cinglants : la morgue de ses écrits sur l'Éthiopie déplaît. Non, décidément, il ne correspond pas à l'image qu'il se fait des Européens.

– *No, not now, later, maybe, London will contact you*, répond avec précipitation Iasou.

Rapide, il cache la liasse enveloppée de papier journal à même la peau de son ventre, et referme sa cape. L'autre n'a pas marchandé. C'est grisant de se sentir un peu moins pauvre.

Daiola a eu le temps d'apercevoir un filet de peau brune, luisante de sueur. Il se recule avec un rictus de dégoût.

Iasou jette un regard circulaire. Personne n'a prêté attention à leur transaction dans le brouhaha de ce grand caravansérail. Les deux hommes restent côte à côte un bref instant, à l'affût, au bord de leur départ, puis ils se séparent comme s'ils plongeaient, s'éloignant et se diluant dans la foule où leur invisible lien se distend de plus en plus, s'étire, quasi évanescent, et enfin s'abolit…

Dehors, le bûcher flambe haut, calcinant le souvenir des ciels pluvieux, des peines et des bassesses. Le vent disperse l'odeur sucrée du bois, les cris montent, les tambourins redoublent, les danseuses se déhanchent, à se désarticuler, Myriam au milieu d'elles. En frappant des pieds, elle s'oublie face au ciel aveugle. À tout son corps, il tarde d'étreindre son amant, et tant pis pour le village, tant pis pour sa honte – car elle sait, mais elle se tait. Ce papier pris par Iasou a-t-il de l'importance ? Elle s'en moque. D'ailleurs, personne ne sait lire. Et le village ne l'a jamais aimée, elle, l'enfant trouvée au creux d'un talus humide. Sans cesse elle a travaillé pour eux. Aussi, un jour, lassée de n'être que tolérée, elle a quitté le village pour Addis avec un ballot sur sa tête, au milieu d'un convoi de marchands. Dans la grand'ville, Myriam s'est souvent offerte pour survivre. Peu à peu, économisant sur l'argent des passes, elle a monté un négoce de tissus, son goût et son habileté à coudre lui rapportant plus que les arrière-salles des petits cafés. L'amour n'est pas un vrai métier. Puis Iasou, un jour, au marché, aussi solitaire qu'elle... Alors qu'on ne vit en Éthiopie que par clans, elle s'est accrochée à lui sans qu'il s'en fâche... Elle brûle du manque qu'elle a de lui, lui si soucieux de son plaisir à elle, prévenance exceptionnelle parmi tous les hommes qu'elle a connus... Le qat l'amollit, la musique s'insinue dans son corps, puis l'envahit; elle danse, heureuse et tourmentée à la fois, dans une transe qui dissout toutes les blessures, jusqu'à l'épuisement.

4

Mlle Liv, l'infirmière suédoise rencontrée par Marie-Eugénie à bord du train, soigne Alkisti avec des piqûres de nicotinamide qui l'empêchent de s'asseoir. Mais Collomb a insisté pour qu'elle finisse la série.

– Quelle aubaine pour ne rien faire ! grogne la mère.

Ne sont autorisés que des macaroni luisants de graisse de poulet, qui lèvent le cœur à la malade. Elle s'alanguit, le ventre proéminent. Mlle Liv la rassure :

– Même les Éthiopiens sont malades… Non, non, vous n'allez pas mourir… Oui, buvez, buvez avec de la quinine, alimentez-vous. Il n'est pas nécessaire de s'affaiblir... Marchez, oui, je sais, ça fatigue... Reprenez vos dessins, c'est très bon ce que vous peignez, oui, vraiment. Moi-même... mais je n'ai pas votre talent... Marchez dans le jardin...

En la raccompagnant, Marie-Eugénie s'enquiert :

– Est-ce qu'on ne peut vraiment pas guérir de la tuberculose ? Ma tante Uranie en souffre et je suis très inquiète.

– Difficilement, ma petite. Du repos, l'air de la montagne – et l'aide de Dieu... s'Il veut bien !

Le regard bleu, qui l'avait naguère décontenancée, se pose sur elle avec la même bienveillance indifférente. Manifestement, Mlle Liv voit souffrir et mourir beaucoup de monde. Sanglée dans sa saharienne, la Suédoise traverse l'existence en l'observant de haut, armée de son protestantisme militant et de ses soins diligents. Collomb affirme que c'est un chagrin d'amour qui l'a conduite en Afrique. Un suicide altruiste, en quelque sorte. Difficile à croire tant cette impeccable huguenote semble maîtresse d'elle-même. Sans états d'âme, efficace et absente.

Marie-Eugénie ne voit de sa mère que son casque de cheveux noirs, sa nuque soyeuse, le liseré rouge de sa robe grise. Malgré douze accouchements (dont elle « ne se souvient plus très bien »), celle-ci a gardé une sveltesse adolescente. Ses doigts déplient les fines couches de pâte qu'elle enduit de beurre, puis recouvre d'amandes et de noix pilées. Tout entière absorbée par ces simples gestes qu'elle accomplit avec une précision épurée, cette sensuelle sait métamorphoser en fête chaque instant du quotidien. Les parfums de cannelle, de fleur d'oranger, de miel chaud enveloppent leur trêve silencieuse. L'intelligence de ses mains fait fleurir un bouquet de plaisirs dont Marie-Eugénie se délecte avec avidité : roseraies, pâtisseries, dentelles. Elle goûte ces moments où elle peut enfin aimer sa mère sans réserve, et elle s'efforce de l'imiter. Le baclava sera bientôt prêt. London a fait savoir qu'il viendra ce soir.

Dans la véranda ouverte sur le jardin embaumant les roses écarlates, London demande au père de Marie-Eugénie la permission de fréquenter la jeune fille. Après deux visites sous d'ingénieux prétextes, pendant lesquelles le hasard a veillé à leur ménager quelques instants sans témoins, London s'est résolu à cette démarche que la jeune fille, pressentie, a accepté avec une simplicité émue. Consultée devant tous, Marie-Eugénie incline la tête sans oser les regarder.

Un silence s'installe pour sceller cette alliance naissante. « Les Grecs n'aiment pas les célibataires », réfléchit Alkisti, allongée sur un divan. « Tant pis pour moi, mais je ne me marierai jamais, si ça doit me faire renoncer à peindre... Moi qui ne désirais rien, qui regardais les choses immobiles, qui voulais ne pas être : voilà que je veux peindre. C'est l'unique chose qui m'importe désormais, et surtout avoir la paix pour peindre... » Iris pince les lèvres de dépit, s'inquiète de son absence de séduction. Son noir regard scrute sa sœur pour percer son secret. Les cartes n'annonçaient rien pour l'Allemande, mais peut-être que les cartes mentent... Le promis entrevu dans le marc tarde à se manifester.

Après la Meskal, un ministre écarté par Tafari a fait porter sa tasse de café à Iris avec une bourse remplie de thalers, afin qu'elle voulût bien l'examiner. Elle a lu dans le marc son retour au pouvoir dans les six mois à venir. Le père recommande le secret, l'ombrageux Tafari pourrait s'en irriter. London sourit de ces balivernes, mais se tait par diplomatie. Qu'elle vende son orviétan si ça lui chante...

La conversation reprend sur des choses qui n'ont rien à voir avec les préoccupations de chacun. La mère s'agite pour apporter des gilets, du café, des gâteaux, de l'eau fraîche dont personne ne veut. La lignée de son époux compte des professeurs, des avocats et des députés, et Matta est une lettrée. L'Allemande leur ressemble, et lui rappelle de cuisantes humiliations lorsque, toute jeune, elle-même avait dû essuyer la suspicion de cette famille soucieuse de son rang. Elle avait triomphé par sa beauté, mais Uranie et Matta, dès les premières entrevues, l'avaient rejetée, oh, très poliment… en l'ignorant : elle existait sans doute, mais était quantité négligeable. Pour elle, leur frère avait abandonné le droit pour les affaires, qu'ils ne tenaient pas en haute estime. Leurs reproches sonnaient encore à ses oreilles : n'avait-elle pas fait exprès de se retrouver enceinte de Pandora pour ficeler son amant ? Le départ pour l'Éthiopie l'avait débarrassée de leur mépris, pas de sa rancune. Elle a beau se répéter que seul l'argent compte, que les combats et les aventures d'Afrique valent mieux que les douceurs confites d'une vie bourgeoise à Athènes… Par comparaison, ses autres filles ne sont pas aussi instruites, aussi distinguées. Mais, la tête sur le billot, elle jurerait le contraire. Quant à London, il ne fera pas un gendre docile, comme ce lourdaud de Basile, mais il est riche et, si Dieu le veut, ça en fera une de casée. Tant pis si London est difficile, tant pis si la rousse est la première à convoler. N'empêche : elle enrage, vexée.

Le ciel vire à l'orangé, une étoile luit. Le père remercie le ciel que les deux jeunes gens se soient plu. Sa fille d'Athènes mérite un homme de la trempe de London. Un peu fier, vite impatient, mais tout d'une pièce, travailleur, et probablement sensible, sous ses airs cassants. Les attentions dont il entoure Marie-Eugénie le laissent présager. Tout est donc bien.

Pour rompre le silence, il raconte une plaisanterie : deux hommes prennent un ouzo et l'un veut manger une olive ; avec sa petite pique en bois, il s'essaie plusieurs fois à l'attraper sans succès. Son compère, lui, l'attrape du premier coup. Commentaire du premier : « Évidemment, tu as réussi parce que je l'avais fatiguée ! »

Marie-Eugénie croise et décroise les mains, ne sachant que faire de sa personne, mourant d'envie de se cacher.

*
* *

Addis, 10 janvier 192.

Chère, très chère tante Matta,

Merci de vos vœux et de toutes les douceurs de Noël, bien arrivés en temps voulu, la Poste française est irréprochable. Mais l'annonce du départ de tante Uranie en sanatorium m'attriste en ce Nouvel An. Elle qui n'a jamais été séparée de vous ! Il n'est de jour où je ne pense à vous deux. Huit mois déjà... Papa répète, navré : « Gardons espoir. » Je me souviens comme si c'était hier de la saveur de ces bougatza[1] *tièdes qu'elle m'apportait au lycée, avec ce geste de les tenir blotties dans ses mains comme si elle portait un oisillon. Je prie chaque soir pour son rétablissement.*

Mes parents vivent dans leur cocon, ne s'intéressant qu'à leurs (bonnes !) affaires. Ils m'ont même interdit de parler politique avec l'infirmière qui a soigné Alkisti : la tournée de Tafari en Europe, le fait que l'Éthiopie sera représentée à la SDN, ce ne sont pas là des préoccupations de jeune fille bien élevée ! London m'informe petit à petit des réalités, car derrière ces palissades que je vous ai décrites, je n'ai pas encore vu grand-chose...

1. *Bougatza* : petits chaussons de pâte feuilletée fourrés de crème pâtissière et recouverts de sucre glacé.

Nous avons passé le premier de l'an de façon bucolique chez l'industriel des huiles, Lalsikos, sans doute l'homme le plus riche d'Addis, qui possède une villa et un jardin de rêve. Tous les Grecs y sont invités... Médiocrité générale! Pour le prochain carnaval, je fais et vends des masques et je me suis proposé de faire danser les petits de notre communauté. Ils ne savent guère leurs pas, les fustanelles manquent. Je tiens à ce qu'ils portent des costumes authentiques de leur région d'origine. C'est important. Zervos, le consul, qui est aussi le médecin personnel du ras Tafari, m'a encouragée, trouvant la communauté grecque bien assoupie depuis quelque temps. D'ici février, je pense qu'ils seront fin prêts. Envoyez-moi un livre sur les danses des îles Ioniennes (surtout Céphalonie), dont je ne me souviens plus très bien.

Ici la musique est tout à fait différente, et leur façon de danser aussi – assez extraordinaire : ils sont *la musique qu'ils dansent... Très nerveux, vibratoire, quasiment une transe plutôt qu'une chorégraphie, et où le corps entier joue* toutes *les notes. Mais tout ce qui est grec prend une nouvelle importance pour moi. L'effet de l'éloignement, sans doute... Nous devons maintenir notre identité, savoir qui nous sommes, conserver nos traditions vivantes. L'hellénisme à tous crins de tante Hélène resurgit malgré moi, et je la comprends mieux maintenant que je vis à l'étranger.*

En même temps, je déplore que nous ne soyons pas plus curieux de ce qui nous entoure. Que ce soit à Melbourne, à Boston ou à Alexandrie, nous restons trop entre nous. Nous autres Grecs avons une faculté de reconstituer le village assez stupéfiante. Même les Athéniens n'y échappent pas. D'ailleurs les quartiers de la capitale ne sont-ils pas de petits villages ?

Devinez qui j'ai rencontré parmi les parents de ces enfants ? Mlle Artémis ! Mariée au vice-consul, mère d'une fillette de cinq ans, très gracieuse. Vous vous souvenez : cette professeur de français un peu fantasque qui s'habillait de rose ? Nous sommes tous invités au baptême de son nouveau-né. J'ai juré de ne rien dire de son travail : la famille de son mari (très ancienne bourgeoisie du barreau) en serait, paraît-il, mortifiée. Je ne sais trop comment elle en est arrivée là, mais voilà : c'est inconvenant qu'elle ait enseigné ! Les hommes souffrent d'un « complexe de la belle Hélène » : l'adultère au bout de chaque activité sociale des femmes. Orgueil de mâle nourricier, jalousie dissimulée, complexe de supériorité, possessivité : je crois que son bouffon de mari cumule tous ces défauts, bien partagés dans ces contrées. Ma mère ne va jamais au restaurant, c'est vous dire ! Tante Hélène rouspéterait que nous sommes en pleine régression car nous sommes (implicitement) condamnées au gynécée de Pénélope. D'autant plus que nous sommes à l'étranger…

On annonce aussi un rallye Renault, «événement» qui agite fort ces messieurs! Seuls de rares Anglais ont une voiture. Imaginez leur excitation! Basile viendra de Dirédaoua si son travail le permet... À vrai dire, une telle compétition me laisse perplexe, ils vont traverser pour le plaisir d'immenses territoires en faisant beaucoup de poussière, sans jeter un regard sur les peuples qu'ils dérangent... Mais, à part cela, c'est la fuite des jours monotones.

Pardonnez cette longue lettre, mais j'ai tant de choses à vous dire...

Mes parents, mes sœurs vous envoient des baisers à toutes deux. Je vous embrasse très affectueusement, et meilleure santé à tante Uranie!

Transmettez mes cordiales pensées à Nikos et Hélène, ainsi qu'à Claire.

Que la Vierge vous protège!

Votre très affectionnée,

Marie-Eugénie.

Malgré le plaisir d'avoir retrouvé un visage familier, et tout un pan de sa vie antérieure, Marie-Eugénie déchante : au contact de ce cercle de négociants et de diplomates, Mlle Artémis a perdu le charme aérien fait d'enthousiasme littéraire qui séduisait tant ses jeunes élèves. L'ambition, le goût du luxe, la soif d'étalage l'emportent dans les conversations rapides qu'elles ont au milieu des enfants piailleurs qui les interrompent sans cesse à la fin des cours de danse. Son visage accuse le calcul qui la tient désormais aux aguets. Même son élégance naturelle s'est empesée. Cette médiocrité, qui se greffe sur toutes celles que Marie-Eugénie a repérées depuis son arrivée en Éthiopie, renforce sa conviction de se retrouver piégée. L'urbanité cultivée du groupe des amis de tante Matta lui manque. Avec qui pourrait-elle échanger des confidences ? lire un poème ? évoquer quelques souvenirs ? trouver une consolation d'enfant ? Aucune dame de qualité ici, comme dirait sa tante. Par son attitude, Mlle Artémis clôt définitivement le chapitre d'Athènes. Que des matrones incultes, enrichies et stupides, se plaint Marie-Eugénie à London. « Une collection de dindes, renchérit-il. Tu es unique », ajoute-t-il avec fierté.

Mais que Mlle Artémis est cruelle sans le vouloir ! soupire la jeune fille.

À l'occasion du baptême, pour la première fois, elle se rend dans le patio ombragé de la grande villa des cousins de London, souvent prêtée pour les cérémonies. La matrone d'Athanase et la longue plante incolore de Petros l'accueillent en la soupesant du regard, tout en débitant de fondantes amabilités. Même trivialité chez leurs maris, qui la détaillent sans gêne, Athanase en expert matois des charmes féminins, Petros en supputant ses qualités de domestique économe. Poignées de mains flasques qui la révulsent. Malgré son désir d'être acceptée, London la sent se rétracter sous l'examen dont il s'excuse en aparté.

Toute la villa respire l'aisance, l'ordre. Aucune passion dans ce conformisme de bon aloi – tout y est grec : meubles de bois sombre, coussins de laine, murs nus, photos des absents encadrées d'argent, une icône du XIIIe siècle, vaisselle en argent. Un écrin pour signifier leur fortune, qui est aussi celle de London, s'aperçoit Marie-Eugénie. Sans qu'il ait eu à le lui dire, elle sait que les thalers pour lui ne sont qu'un moyen, pas un but en soi.

On attend les invités; ses sœurs se sont réfugiées dans une partie de sept familles avec Axelos, un garçonnet chafouin et mal élevé qui a déjà la voix grasseyante de son père Athanase; la mère cancane avec d'autres commères; les hommes épluchent les nouvelles de Grèce en jouant au trictrac. Ragots, anecdotes…

Marie-Eugénie entend Petros s'impatienter et proposer d'aller chasser une couple d'heures : la cérémonie du baptême à l'église ne fait que commencer.

– Autant se distraire en attendant, insiste-t-il, les yeux riboulant d'envie d'échapper à ce morne après-midi.

En partant, London se retourne, son fusil à double canon en bandoulière, et jette un bref coup d'œil à Marie-Eugénie, debout dans l'embrasure d'une fenêtre à l'étage. Son regard tendre se veut rassurant : « Attendez-moi, nous nous parlerons plus tard, ayez confiance. Attendez-moi, je vous protégerai de tous » (il mime imperceptiblement un baiser).

Attendre, comme toujours.

Tout l'ordonnancement préparé pour combler la faim de l'hydre bavarde des convives se délite, le ton monte : la fête bat son plein quand London revient, le visage contrarié. Avec une sournoise humilité, Petros prétexte une visite surprise de marchands du Choa pour expliquer l'absence de son frère au vice-consul, Thémistocle Sabbras, le mari de Mlle Artémis. De mécontentement, ce prétentieux claque la langue et hausse les épaules. Il marmotte une remarque désobligeante que personne ne relève. London exhibe les perdrix pour faire diversion. Dans le brouhaha, son air tendu n'alerte que Marie-Eugénie qui s'interroge.

Calée dans un rocking-chair, elle tient le bébé, énervé par le bruit des voix. Ses pleurs vont s'affaiblissant tandis qu'elle lui chantonne une comptine. L'enfant consent à se laisser bercer sans bouger, yeux larges ouverts. Sérieux, il fixe la flamme de l'énorme cierge entouré de tulle, qui lui est dédié. En courant, en criant, les autres enfants s'égaillent en bas dans le patio.

– Vous me garderez des plumes pour mes masques ?

– Bien sûr, répond London d'une voix sourde, qui étonne Marie-Eugénie.

Avec lassitude, il reprend :

– Près de la frontière du Kenya, j'ai vu des masques furieux. De vraies malédictions, avec de longues chevelures, des dessins géométriques. Dans certaines tribus, les hommes se peignent le visage, voire le corps tout entier. Tout est signifié par les couleurs : le noir, le blanc et le rouge.

Rouge, rouge comme le sang, pense-t-il en se taisant brusquement.

– Ces tribus vivent très loin d'ici, n'est-ce pas ? demande Marie-Eugénie, inquiète de l'air absent de London, de l'intonation lasse de sa voix.

– Oui. Dans une région difficile d'accès à cause des Anglais, qui sont nerveux. L'Éthiopie est menacée…

Bouche bée, le bébé s'endort au milieu du tumulte, sa menotte agrippée à l'index de Marie-Eugénie qui le couve des yeux. Sa robe de baptême maculée, la nuque en sueur, il est écarlate, exaspéré par on ne sait quelle frustration. Elle le dépose dans le berceau de tulle.

– Pourquoi ne dites-vous rien ? Ai-je fait quelque chose qui vous a déplu ? Que se passe-t-il ?

– Non… Venez.

London l'entraîne dans le patio. Là, à l'écart du brouhaha, assis à l'ombre d'un robuste acacia, il explique d'une voix atone :

– Promettez-moi de ne rien dire, ça gâcherait le baptême… Mais, cet après-midi, là où nous allons chasser… Je vous y emmènerai plus tard… c'est une combe où des nuées de papillons bleu saphir recouvrent les troncs d'arbres qui palpitent sans cesse, ce sont les maîtres légers et fastueux de cet endroit. C'est très beau, vous verrez…

– Alors, les amoureux, on s'isole ? lance en passant la mère, chargée d'un plateau de *meze*[1].

1. *Meze* : hors-d'œuvre.

Ils restent silencieux jusqu'à ce qu'elle se soit éloignée, puis London reprend :

– Nous attendions sous les arbres, la rivière sourd en contrebas, invisible. Mes cousins chuchotaient : l'affût leur a rappelé leurs jeux d'enfants quand ils épiaient les filles, cachés derrière les murets du village. Tout était calme, on guettait les oiseaux. À mi-voix, Athanase se vantait à propos de la Carusa, cette Italienne exubérante, coiffée à la garçonne, avec un fume-cigarette, vous voyez qui c'est ? La sœur du journaliste Daiola. Vous ne la connaissez pas ?

– Non, je ne vois…

– C'est sans importance. Petros, mi-jaloux mi-écœuré, lui prêchait la vertu comme à chaque fois. Vous savez, Athanase exagère et le nombre et les lubies de ses conquêtes, mais Petros n'y voit que du feu. Il est très myope, sauf pour compter. Bref, je me suis éloigné, ils m'agacent : vous savez, les hommes, enfin les hommes entre eux… de vrais… D'ailleurs, la raison de la vertu de Petros, ce n'est pas tant l'amour qu'il porte à sa légitime, brave femme mais insipide, que la peur de devoir payer des cadeaux à une maîtresse…

– Vous êtes cynique !

– Non, je vois la réalité telle qu'elle est, réplique London avec humeur. Vous, Marie-Eugénie, vous ne les pratiquez pas depuis des années, comme moi… Bref, nous attendons, les perdrix viennent se poser, assez nombreuses… Nous nous décidons à tirer… frrttt… pan ! pan ! L'envol des perdrix, c'est la soie bruissante des feuillages…

– Vous aimez ça, la chasse ?

– Comportement atavique, je vous l'accorde. Mais oui, j'aime chasser !… Ensuite, nous descendons ramasser les perdrix tout près de la rivière qui bondit sur d'énormes rochers plats. Tandis qu'on les fourre dans les besaces, on entend des craquements. Un sanglier ? Aux aguets, nous réarmons silencieusement, prêts à tirer dès que l'animal apparaîtra. Et là, des bosquets, c'est un enfant qui émerge, se tenant le ventre, les mains gluantes de sang, l'air épuisé, et qui s'écroule sans avoir proféré un mot. Avec une pierre, on lui a calé la tête en évitant de le remuer.

Du premier étage, on les moque encore sur leur aparté, on les invite à venir danser, et ils remontent à la réception, ils dansent, l'esprit préoccupé par l'enfant blessé de la combe. Ce secret les rapproche comme un serment qu'ils viendraient d'échanger. Si Sabbras savait, il ne manquerait pas d'y lire un sombre présage pour le destin de son fils. Les coïncidences effrayent les Grecs, sans doute un héritage inconscient des tragédies antiques. Les sœurs de Marie-Eugénie l'accaparent pour savoir ce qu'ils se sont dit en bas : fiançailles ? déjà ? Devant l'air contrit de Marie-Eugénie, elles insistent : dispute, déjà ? rupture, peut-être… Iris jubile, ses yeux noirs lancent des éclairs mauvais.

Le bébé s'est remis à pleurer et ses cris perçants dominent la salle du haut. Très en verve, Mlle Artémis ne veut pas lâcher ses convives et demande à Marie-Eugénie de le rendormir. Sous les regards ironiques des sœurs, London l'accompagne ; le bébé s'époumone de rage ; mais dès qu'elle le berce, il se rendort d'un coup. Ils soupirent, soulagés, comme s'ils étaient déjà parents… London la regarde si tendrement qu'elle tressaille.

– Qu'avez-vous fait ensuite ? demande-t-elle pour maîtriser son trouble.

– Athanase est aussitôt parti chercher du secours. Un homme a surgi des arbres, c'était le père du gosse, et quand il l'a vu, il s'est agenouillé et s'est mis à prier.

– Qui avait pu tirer aussi bas ?

– Je ne comprenais pas… Mais, en arrachant un morceau de la *kuta*[1] du boy d'Athanase pour faire un garrot au petit, j'ai vu qu'il dissimulait une blessure à la main… Il ne veut rien dire, je le

1. *Kuta* : tunique légère.

moleste un peu… Bref, il me crache le fin mot de l'affaire : il s'est transpercé la main en voulant essayer un pistolet, il a engagé la balle dans le canon, mais la balle est sortie en biais, parce qu'il n'avait pas bloqué le cran de sûreté… Ça lui a traversé la main et ça a blessé le gosse…

– Mais le boy ne savait pas qu'il y avait le gamin ?

– Personne ne l'a vu ni entendu… C'est un accident.

– Vous croyez que le petit s'en sortira ?

– Espérons, mais j'en doute… À la guerre, j'en ai vu qui… au ventre… C'est… non… Enfin, espérons que Dieu sera bon.

La fête du baptême continue tard dans la soirée. Zervos, accompagné de quelques-uns des collègues du Consulat, fait une brève apparition pour féliciter son bras droit. Il domine sa communauté avec une grande affabilité et sans fatuité. Que Tafari l'ait choisi pour médecin accroît son prestige… Marie-Eugénie guide les pas des petits danseurs, qu'on applaudit, et Zervos la félicite, au dam de la mère qui pousse en avant Iris et Alkisti sans réussir à retenir l'intérêt du consul. Il croise London et l'informe d'une nouvelle responsabilité pour lui : recevoir, au nom de la communauté, l'impératrice Zaouditou – le Palais vient de donner son accord.

À l'arrière de la villa, des enfants éthiopiens mendient aux cuisiniers des galettes que les petits Grecs leur jettent par terre. Seuls les plus forts réussissent à en attraper, les plus jeunes se contentent des miettes. Axelos, le gamin teigneux d'Athanase, y prend un plaisir sans charité. Les boys les chassent ensuite à grands cris.

Bien que tout ait été tenté, l'enfant de la combe est mort dans la nuit à l'hôpital, ayant perdu trop de sang. Son père, contre une modique somme d'argent, a accepté de ne pas porter plainte contre le boy d'Athanase, qui fait vivre par son travail sa femme et leurs six enfants. Entre pauvres, ils s'étaient compris. « Ici, la vie, la vie des humbles n'a aucune valeur », commente avec laconisme London à l'intention de Marie-Eugénie.

Athanase est rentré tard, en prodiguant mille excuses à ses invités, mais les affaires... Dans le brouhaha, personne n'y prêta attention.

Rien n'a donc troublé le baptême du fils de Thémistocle Sabbras.

5

À l'annonce de l'entrée de l'Éthiopie à la Société des Nations, Daiola ne peut s'empêcher de rédiger un article fustigeant l'idée de nation éthiopienne, en insistant sur les prétentions à l'unité pour le moins utopiques qui sous-tendent la politique de l'impératrice Zaouditou et de son éminence grise, ras Tafari. Il ne décolère pas :

« Comment peut-on se prévaloir du nom et de l'idée de nation quand on connaît le morcellement ethnique de ce pays : Oromos (se subdivisant en Méchas, Arusis, Tulémas, Boranas) ; Somalis, Afars, Shaos Hadiyyas Sidamos, Amharas (Tigréens, Tigrés) ; Arabes (Wolytas, Gamos-Gofas, Kullos-Kontas, Dorzés) et Kaffas..., sans oublier les Nuers, Anuaks, Bodis, Majanghirs, Naras, Surmas, Nyangatons. Quand bien même on passerait outre ce morcellement, les divisions religieuses entre chrétiens orthodoxes, musulmans, animistes et juifs (plus connus sous le nom de falachas) démentiraient une telle idée d'unité. Mais, même encore, en l'admettant : ce serait une erreur politique d'oublier le despotisme féodal des ras sur leurs régions, et leur notoire récalcitrance au pouvoir d'Addis. On en a des preuves tous les jours. Il n'y a même pas de consensus sur la langue : les différents dialectes rendent nécessaire l'adoption de l'anglais ou de l'italien, car seule une langue étrangère peut ménager les susceptibilités entre ethnies qui se haïssent ; l'amharique n'est parlé que par une minorité, dominante certes, mais qui ne représente qu'un très faible pourcentage de la population. Soyons sérieux ! Quant à l'arriération économique, celle du réseau routier, des communications, je n'insisterai pas, par charité chrétienne ; sur la corruption, l'incompétence généralisée, pour ne pas parler de l'analphabétisme, je n'insisterai pas non plus, me bornant à rappeler l'urgence d'une intervention de pays amis, comme la Grande-Bretagne et l'Italie, afin d'aider ce pays sous-développé à accéder à la civilisation. » Il conclut sur le danger que représente pour l'équilibre international le coup de force politique de ras Tafari.

Cette polémique est jugée hostile et tout à fait déplacée par le Palais. Depuis l'exil et la mort « opportune », dans sa résidence surveillée aux confins du Harar, de l'héritier naturel, Lijd Yasou, trop tourné vers l'islam et le Sud, la personnalité de ras Tafari inspire une légitime réserve à tous ses opposants, fussent-ils puissants. Médisance ou vérité, on lui impute ce crime. Aussi la presse ne suit-elle pas Daiola, qui se retrouve désavoué par son rédacteur en chef lors d'une audience au Guebbi. L'agacement perceptible de Tafari a inquiété ce professionnel aguerri de la communication en Afrique qui en a fait part à son conseil d'administration. Il vaudrait mieux se défaire de ce collaborateur un peu trop agité, mais en douceur, car on lui prête de forts appuis politiques dans l'entourage du Duce. Quitter le pays serait plus prudent, conseille-t-on de toutes parts au jeune homme qui finit par prendre peur.

À la frontière, on fouille interminablement les bagages de l'impertinent. Parmi les livres de format indien, d'un mauvais papier grisâtre couvert de caractères quasi indéchiffrables, mis directement en vente sur le marché indigène par de rares imprimeurs d'Addis dont c'est le seul moyen d'atteindre le public lettré – parmi tous ces livres, les douaniers mettent la main sur le manuscrit acheté en secret à l'intendant Iasou.

À son habitude, London lit tous les journaux. Plus attentivement peut-être depuis l'arrestation et l'emprisonnement de Pietro Daiola. Un détail, un petit malentendu, une maladresse (Daiola irritant le douanier par son air méprisant ? son impatience au contrôle ? lui refusant un « cadeau » ? ou un accès de zèle inexpliqué du fonctionnaire qui s'ennuyait ferme ce jour-là ? ou contrarié par quelque querelle privée ?) peuvent démolir une vie entière, comme si des forces malignes s'engouffraient dans la faille minuscule pour se déchaîner en détruisant tout dans leur élan.

Au comptoir des cousins, Athanase se fait l'écho des récriminations de la Carusa en se plaignant que l'affaire de son frère la rende insupportable. « Tafari se venge » – de la prison de Douanlé, Daiola a réussi à transmettre ce message à sa légation. La Carusa cherche à faire pression. Malheureusement, l'interlocuteur du ministère de la Mémoire abyssine et de la Plume est un Érythréen, dont la famille a été chassée de ses terres à la suite de l'occupation italienne du port de Massaoua. Aussi refuse-t-il toutes les tentatives de négociation du diplomate italien – plus surveillé qu'accompagné par la Carusa – en vue de la libération du journaliste. À chacun son tour d'être bousculé par l'Histoire ! doit-il penser en leur répétant que le châtiment de Daiola sera exemplaire afin de faire cesser les pillages dont est victime l'Éthiopie. Même si, à l'interrogatoire, Daiola s'est contenté de répéter que c'est dans les cartons abandonnés par le précédent locataire de sa maison, lettré et collectionneur notoire, mort depuis, qu'il a « trouvé » ce manuscrit… et qu'on lui cherche donc une mauvaise querelle, que tout cela n'est qu'un prétexte à mener une opération politique dirigée contre les Italiens… Ce qui est absolument inexact, déclare l'Érythréen avec une inflexible froideur tout en raccompagnant les deux Italiens : les Occidentaux doivent simplement apprendre à respecter nos lois.

Quand l'appel de Dieu se fait entendre, Iris ne peut que s'incliner. Une croix lumineuse hante ses rêves plusieurs nuits d'affilée. Ni message ni prophétie ne confèrent une signification précise à cette croix, et le travail de la grâce la fait passer par des phases de révolte, de blasphème et de repentir complet où elle quémande pardon à tous avec des excès d'abaissement de soi où transparaît un certain orgueil de la souffrance. Sa mère la regarde avec circonspection et Alkisti ne manque pas d'ironiser sur la beauté du jeune pope nouvellement arrivé à Saint-Froumendios. Ses yeux biseautés, la finesse de son nez, son abondante chevelure nouée sous la *kalimafi*[1], la fraîcheur de ses gestes (mains admirables à l'élévation), sa voix de baryton rendent toute sa personne attirante. D'autres jeunes filles sont prises de crises de piété. L'assiduité à prier augmente chez Iris, son attitude vis-à-vis de Marie-Eugénie s'adoucit. Le jeu de tarots disparaît, et bien que le ministre éthiopien ait été rappelé au pouvoir par ras Tafari, ainsi qu'elle l'avait prédit, elle refuse dorénavant de lire dans le marc de café. Les dons de voyance relèvent du diable, répète-t-elle avec humilité, et sa mère avait eu raison de la faire exorciser.

– Sais-tu, Iris, lui apprend le beau pope, que le roi Constantin fut averti par un rêve de sa victoire contre les barbares massés au-delà du Danube ?

1. *Kalimafi* : toque sous laquelle les popes retiennent leurs cheveux.

Une croix lumineuse du Christ avec l'inscription en lettres d'or : « Par ce signe, tu vaincras ! » lui est apparue en songe. Comme toi, comme dans ton rêve… Peut-être que de grandes choses t'attendent ? lui suggère-t-il avec une douceur qui la rend tout énamourée.

Puis il l'encourage à suivre tous les offices, lui confie de menues corvées d'entretien dans l'église, mais la dissuade de rester fille, et, hélas, ne lui propose pas le mariage.

Le dépit qu'elle en ressent et l'humiliation d'être repoussée ne la découragent pas dans sa foi qui se maintient, quoique moins voyante. « La main de Dieu n'est pas avare à l'ami de Dieu », se rassure le père, un peu dépassé par les foucades d'Iris.

Quelque temps plus tard, présentée à un mécanicien de Dirédaoua, ami de Basile et de Pandora, prénommé Stavros, elle consent aux fiançailles, au vif soulagement de ses parents. Mais avec une telle rapidité que Marie-Eugénie soupçonne que sa sœur, poussée par le dépit davantage que par l'amour, aurait accepté n'importe quel parti. Stavros ne respire pas le génie, n'a d'autre fortune que son labeur, qui le couvre de cambouis sans altérer sa bonne humeur. Son allant retrouvé, Iris délaisse l'église, l'acidité de ses propos revient aussitôt, et elle rétorque vertement aux moqueries d'Alkisti. Néanmoins, elle persiste dans son refus de lire derechef dans le marc de café et les cartes.

Souvent, Iris descend à Dirédaoua afin de rencontrer son amoureux sous la surveillance de Pandora et de Basile – surveillance dont la mère suppose qu'elle ne doit pas être bien étroite si elle en juge par l'engouement d'Iris à s'y rendre. Contrairement à sa sœur, Alkisti refuse de jouer les chaperons pour Marie-Eugénie et London. Aussi peuvent-ils se murmurer toutes les tendresses qui les font chavirer.

– En amour c'est tout ou rien, annonce Marie-Eugénie, mutine, un après-midi, en jouant avec son ombrelle de fine vannerie.

– Notre programme, en quelque sorte ? réplique-t-il en abaissant l'ombrelle afin de les dissimuler aux regards de la maison et l'embrasser sans plus de cérémonie.

Un savoureux baiser, suivi d'un silence et d'un regard intenses. C'est déjà de l'amitié de se comprendre sans tout se dire. London et Marie-Eugénie s'accordent, comme deux musiciens avant le concert. Émois, désirs, attentes, incertitudes, disputes, retrouvailles : c'est une interminable conversation où les mots, les idées, les rires n'importent pas tant que la musique de l'autre, aimée, espérée, connue par cœur, par le cœur...

Celui de Marie-Eugénie pleure doucement, London sait l'entendre malgré la réserve de la jeune fille qui a deviné, par-delà le caractère brusque, parfois sombre de celui-ci, ses blessures.

Ils se fiancent en même temps que Stavros et Iris.

*
* *

Marie-Eugénie ne poste pas toutes les lettres qu'elle écrit à Matta. Ainsi :

Chère tante Matta,

Enfin je découvre l'Éthiopie ! Nos longues promenades à cheval nous entraînent dans des villages de huttes nichés sur les plateaux, les paysages sont somptueux, mais les gens vivent dans la misère : l'eau au puits, des ustensiles de fortune, beaucoup d'enfants, de longues corvées quotidiennes, pas de soins... J'aperçois des hardes de dik-dik[1] *courant comme le vent, mais pas l'ombre d'un éléphant. Il faudrait aller beaucoup plus loin encore, jusqu'au Kenya. Les arbres sont majestueux, une forêt dont London est le magicien : des chrysanthèmes géants, des papillons*

1. *Dik-dik* : antilope.

larges comme la main avec de ces couleurs vives ! des oiseaux turquoise et de l'espace à perte de vue… On a envie de rester là à contempler du haut d'un rocher ces immenses territoires… C'est le divin qui s'offre là sous nos yeux. Je respire enfin cette terre d'Afrique et j'en suis infiniment heureuse…

Oh, j'aimerais tant que vous connaissiez London ! Il vous plairait, j'en suis certaine ! Il m'apprend petit à petit à parler l'éthiopien.

Votre dernière lettre m'a fait tant plaisir. La santé d'Uranie s'améliore, cela seul compte. Ici, la tuberculose sévit surtout chez les adolescents [mots illisibles] *hôpital suédois Hanner ce sont des laïcs dévoués qui vaccinent non loin de chez nous…*

Comme je vous l'avais annoncé, nous nous sommes fiancés le mois dernier, en même temps qu'Iris et Stavros. Ma mère… Mes parents ne veulent pas donner leur accord pour le mariage avant un an !!! Alors que celui d'Iris est prévu dans le trimestre qui vient ! Nous ne comprenons pas pourquoi et nous en sommes très contrariés. À croire qu'ils ont des réticences sur la personne de London, alors que c'est eux qui me l'ont présenté. London en vient à supposer de la pure méchanceté à notre égard. Je ne suis pas loin de le suivre, ma mère ne m'a jamais aimée, et c'est réciproque finalement… Autre tracasserie… si je puis encore me plaindre.

London projette d'acheter un coupé à deux places, ainsi nous nous passerons de cette chipie d'Iris et de son fiancé... un homme bon mais sans relief.

Vous me manquez tellement...

Le temps d'enquêter, Daiola est transféré à la prison d'Addis. Il fulmine dans sa cellule contre ce pays de barbares que l'Italie devrait mettre au pas. Malgré les vivres que ses amis lui apportent, il s'affaiblit tandis que d'autres prisonniers meurent, sans nourriture et sans eau. Son rédacteur promet avocat et lettres de recommandation pour les quotidiens de Rome quand il sortira de ce mauvais pas. En Afrique comme ailleurs, la naïveté politique se paye cher; Daiola n'a que vingt-cinq ans, il apprendra. Même ses amis mussoliniens ne bougent pas, quoiqu'il ne cesse de les solliciter. La Carusa, après s'être beaucoup démenée, a fini par s'en aller à Rome afin de rencontrer le Duce. Ou pour se mettre à l'abri, répond la rumeur. Athanase repart en chasse pour de nouvelles aventures – « une Anglaise serait plus reposante », décrète-t-il – et disparaît fréquemment du comptoir pour le Club. Au bar de Kraus, des journalistes chevronnés compatissent avec indignation, mais pas dans leurs articles. Iasou opine, les yeux vagues, tremblant que Daiola ne craque, que London ne parle, même si ce n'est pas leur intérêt.

Iasou surveille la cachette de son argent qu'il change à plusieurs reprises, et songe à partir pour l'Europe en attendant l'Amérique... Sa méfiance le recroqueville au Guebbi, son travail devient tatillon, ses collaborateurs se plaignent de ses accès d'humeur. Même la douce Myriam le rend secrètement anxieux. Il cherche à la piéger :

– Myriam, devine ce que c'est : « *Sur une terre blanche, du millet que j'ai semé à la main et ramassé avec la bouche* » ? lui demande Iasou avec une malice des plus hypocrite.

Allongés sur un pré fleuri qui domine la ville, sous une myriade d'étoiles, ils pourraient toucher le ciel de leurs doigts. La jeune fille hésite, sa bouche mâchouille des graminées et s'ouvre, laissant voir une langue rosâtre. Ses cheveux montent droit et haut comme une forêt luisante (*gofaré*). Sa tunique se déploie sur le pré. La devinette la laisse coite.

– Tu ne sais pas ? Tu ne sais vraiment pas ? Voyons ! Un parchemin couvert de lettres noires et lu à haute voix ! s'exclame-t-il, triomphant.

– Où as-tu appris à lire ? demande-t-elle, câline.

Il se félicite qu'elle ne sache *vraiment* pas lire, car si elle avait connu la réponse à la devinette que tout écolier déchiffre dès qu'il se met à la lecture, les journaux suivant de près l'affaire…

– À la mission, à quelques kilomètres de mon village. Dans un pré comme celui-ci, dehors, avec les prêtres. Ils nous faisaient la classe assis sur des troncs. C'est eux qui m'ont parlé la première fois des autres pays.

– Si j'arrête le qat, tu m'apprendras à lire ? tu m'emmèneras ? Dis-moi comment c'est, raconte-moi…

Tout à son obsession de partir, le visage de Iasou perd cet air de ruse que les combines ont fini par modeler, et se détend ; les yeux brillants, il se soûle de sonorités étrangères, d'images de modernité que, complaisamment, amoureusement, Myriam laisse s'épanouir, et qui les traversent, les allègent, détachés, aériens. Croit-elle qu'il l'emmènera ? ou qu'il ne partira jamais, comme tant d'autres ? Comme elle se leurre ! Il s'en ira. Mais cette villageoise-là, sur l'asphalte new-yorkais serait une incongruité. Il s'imagine le long de la 5e Avenue, déambulant habillé de neuf, chaussé de cuir souple, froissant des dollars dans sa poche… Il croque la

Pomme à belles dents, il rit. Ou bien il se rend à Westminster Abbey, marche sur Regent Street, jouant avec un parapluie de palace... Il habitera à Hampstead... Londres est accessible dès maintenant... Bien entendu, il tait tout ce qu'il fait pour arrondir sa cagnotte de départ. Comme demain soir, par exemple...

Comme ils en sont convenus, Iasou et Abdallah, l'éphèbe de Kraus, se rencontrent près des entrepôts du Guebbi vers minuit. La routine de ce transfert les dispense de parler. La lune à son premier quartier diffuse une clarté suffisante pour que Iasou ouvre la porte sans avoir à allumer la lampe à gaz. Ils dégagent de certaines caisses de grain quelques fusils et des ballots de qat arrivés clandestinement de Djibouti, et chargent avec célérité les chevaux. Malgré l'absence de gardes, malgré le silence, Iasou éprouve un malaise, comme s'ils étaient épiés dans l'ombre. Les instructions de Tafari ont été renforcées : il s'agit par priorité de fournir des fusils à l'armée éthiopienne, quitte à contourner la législation internationale. Aussi ses chiens de garde sont-ils à l'affût de tout stock, fût-il réduit comme celui de Kraus, ce soir. Pourtant, tout semble normal : c'est l'affaire

Daiola qui le rend nerveux. Et puis des contrôles ont eu lieu à l'intendance pour enrayer le gaspillage et les vols de viandes crues des banquets impériaux; s'ils s'avisaient de vérifier les caisses de grain dans cet entrepôt... Iasou tremble. Il maudit sa perpétuelle pauvreté, qui le contraint à prendre de semblables risques – une misère plus difficile à fuir qu'une prison. Abdallah lui fait peur : pourquoi donc Kraus a-t-il choisi pour amant cet adolescent au rictus méprisant, qui chaque fois malmène les chevaux? Ses traits de guerrier assyrien à demi zébrés par la lumière n'exsudent qu'une tenace fourberie. Kraus aura succombé à l'érotisme des bas-fonds... Ce goût de certains hommes pour les gouapes le met hors de lui. Sans doute un reste de son éducation religieuse, à moins que ce ne soit de sa nature africaine, se dit-il sans trop savoir ce qu'il entend par là. Mais seules les ténèbres silencieuses les entourent et ils rejoignent sans encombre le café-billard où Kraus les attend à la porte de l'arrière-cour. Iasou remercie saint Georges de l'avoir protégé encore une fois et fait un rapide signe de croix qui n'échappe pas à Kraus – lequel hausse les épaules.

Quand le journaliste italien passe en justice, en plein air sous un arbre, après des paysans à la chamma nouée en signe de respect, tenant un bâton de pèlerin et gesticulant comme de beaux diables, il renouvelle avec opiniâtreté sa déposition. Iasou s'étonne du silence de l'Italien, qui n'a pas cherché à l'impliquer. Manie de collectionneur ? fierté ? chantage futur ? Il en a des sueurs froides. London soupçonne quelque secret plus important dissimulé dans les effets de Daiola, mais les journaux n'en disent rien et le consul Zervos, pourtant bien informé sur ce qui se trame à la cour impériale, reste discret dans ses discussions.

Ayant reçu un « amical conseil » du Palais, le juge condamne Daiola à six mois de prison ferme et à une forte amende pour défaut de restitution de biens culturels : le manuscrit est un décret de Ménélik accordé au district du village de Myriam en reconnaissance de la fidélité de sa population à l'empereur ; il exempte ce district de l'impôt dû au ras de la région. Personne n'est dupe de la pseudo-découverte qu'aurait faite Daiola dans les effets du précédent locataire. Mais on ne peut prouver le vol, puisque Daiola n'a pas foulé le sol de ce lointain hameau. Le chef de village en témoigne : aucun Blanc n'y est venu depuis plusieurs années. Malgré sa sagacité, le chef n'a pas fait le rapprochement avec la brève visite de Myriam et de son amoureux. Iasou se détend. Six mois, c'est le temps qu'a estimé suffisant ras Tafari pour faire parler cet insolent à propos de ses amis politiques : ses services l'ont en effet informé que Daiola et la Carusa sont au mieux avec les sphères anglaises; qu'ils manigancent, complotent en tant qu'agents de liaison pour les conseillers du Duce. Les Italiens ne projetteraient-ils pas un partage secret de l'Éthiopie avec les Anglais ? Leurs avant-postes dans l'Ogaden, quasi désert, augurent du pire.

6

– Aimerais-tu faire une promenade ? Je connais un torrent avec de grands ombrages, emportons un panier de pique-nique… et Iris n'a qu'à nous suivre… de loin.

…

– Tu sais, je dois me rendre à la cour pour une audience ! Zervos a arrangé ça. Il faudra que je fasse la révérence trois fois à l'aller comme au retour, et une révérence à se casser les reins… Les ambassadeurs du temps de Ménélik devaient venir le saluer entre une double haie de lions d'Abyssinie à longue crinière noire. Quand un plénipotentiaire passait sans crainte, c'est que l'homme serait difficile à manipuler, jugeait

Ménélik. Quel pays ! Heureusement, ras Tafari a supprimé les lions…

…

– Le *rébétiko*, vulgaire ? Oh non ! c'est le chant des mauvais garçons, des bandits d'honneur, des rebelles de la montagne ! Vulgaire ? non, Marie-Eugénie : pathétique ! Si tu savais comme c'était bon, parfois, d'entendre les soldats chanter…

…

– Je n'ai pas été longtemps à l'école, comme toi… Si on galopait ? on serait plus tranquilles…

– Attendez-moi ! attendez-moi ! crie Iris, terrorisée sur son cheval qu'elle n'ose mettre au galop.

À perdre haleine sur les chemins, les deux fiancés rient, courbés sur leurs montures qu'ils cravachent, pris par l'ivresse de la course, par leur amour naissant, goûtant le vent, la vitesse, l'échappée qui préfigure leur liberté. Ils s'embrassent à bouche que veux-tu, cachés derrière un bosquet, en attendant leur chaperon qui les retrouve échevelés, un peu haletants, une lueur malicieuse dans les yeux. Vivement leur mariage ! et leur installation !

London se décide à demander tout ce que lui doivent ses cousins, Petros et Athanase, qui ne lui ont jamais versé le moindre salaire pour son travail. Détendu par leur grande promenade, il s'avance vers eux. Le fond du comptoir baigne déjà dans la pénombre, la lumière jaunâtre de la lampe à pétrole fait reculer les ombres bleutées du crépuscule. Tant de jours passés ici… Tout auréolé de la tendresse des heures passées avec Marie-Eugénie, il pose un regard bienveillant sur les fioles d'alcool, les sacs de jute remplis de café, la machine à torréfier qui sent bon, les bidons d'huile, les pistaches, les olives en vrac… Sans y avoir jamais réfléchi, il se rend compte combien son travail a été prenant… Le temps est venu de faire les comptes avec ses cousins-associés, et de s'installer ; la présence de Marie-Eugénie change tout : les couleurs plus vives, le goût du pain meilleur, le repos de la nuit plus profond, rasséréné comme jamais depuis la guerre.

– Te donner « ta part » !!! « faire les comptes » !!!

Asphyxié d'indignation, Petros agite les mains comme pour chasser les mouches : non non, disent ces mains, non, on ne te donnera rien, plutôt te voir mort que de te donner ta part, tu n'auras rien de rien ! Il ôte ses lunettes et frotte ses yeux globuleux avec énergie. Il suffoque. Quant à Athanase, il hurle :

– Tu n'avais pas un sou ! pas de travail ! La guerre c'est bien joli, mais ça ne nourrit pas ! Quand tu es arrivé, tu n'avais que ce que tu portais sur toi ! Nous t'avons nourri, logé, blanchi... Et on t'a appris le métier, c'est ça, « ta part » !

London recule de surprise devant leur réaction. Estomaqué par ce qu'il entend : sept ans qu'il trime sans salaire ! Il n'en croit pas ses oreilles. Leur avarice les enflamme d'une arrogance inaccoutumée qui déforme leurs visages : deux gros rats prêts à le mordre. Sa belle humeur envolée, il devient cassant. Tant d'aplomb le révulse.

– « M'apprendre le métier » ? Non, mais me prenez-vous pour un demeuré ? Acheter et vendre, ce n'est tout de même pas ce qu'on fait de plus compliqué ! L'accord était que vous gardiez l'argent, *mon* argent, jusqu'à ce que j'en aie besoin pour me marier.

– Mais tu fabules !

Une colère blanche s'empare de London qui se sent prêt à les étrangler tous les deux. Ici même, là où s'affronte leur trio – avec un brin de condescendance sous l'affection : « Bien sûr, on comprend… Tu es notre parent… » –, ils avaient accepté son offre. Oui, c'est vrai qu'il n'avait alors que la peau sur les os, mais peut-on reprocher à un homme d'avoir servi son pays, d'avoir été précipité dans une longue guerre, de ne pas avoir pu, de ce fait, s'éduquer, se donner un vrai métier ? Tandis qu'eux s'étaient enrichis sans crainte et sans drame, si indifférents au fond aux convulsions de la Grèce. Autour d'un agneau rôti, on s'était congratulé pour le surcroît d'affaires qui se ferait grâce à lui, et cette histoire de cognac, si astucieuse, avait réjoui tout le monde. Leurs comptes étaient les siens, leurs intérêts, aussi les siens. Associés ! Plus de dix heures par jour, tous les jours… Et ses déplacements jusqu'au Harar, et dans tous les bourgs de l'Ouest, à cheval, en train, surveillant les ballots, les transactions, encaissant les paiements, toujours armé de ses deux revolvers… À quoi bon leur rappeler tout ça ?

London se contient, la violence ne donne rien, et le sang-froid appris durant de tortueuses négociations locales l'incite à user d'une stratégie plus efficace. En les dévisageant, il annonce tout de go :

– J'irai en justice s'il le faut pour obtenir ma part de l'association.

Son ton est si déterminé que les cousins en restent cois un instant. London a l'appui de Zervos, et pas un Grec ne lui chercherait querelle : trop bon tireur…

Ils tentent de négocier, de le voler sans vergogne, de lui faire accroire qu'il déraisonne, qu'on pourrait peut-être s'arranger autrement… De façon à ne rien payer – ou peu, bien sûr.

Sous leurs remontrances perce un mépris apeuré, car London est bien capable de mettre sa menace à exécution. Que tout cela puisse devenir public les met en rage. Même s'ils ne l'avoueraient jamais, ils l'ont toujours craint, et London le sait. Il les toise, déjà ailleurs. Leur insondable avarice, qui les rend si téméraires, n'en est que plus surprenante : jusqu'où seraient-ils capables d'aller ? se demande-t-il en les voyant s'énerver, hausser le ton, chercher à l'embobiner.

Aucun compromis ne tient devant sa détermination. London répète qu'il ira en justice pour faire valoir ses droits. Dépités de n'avoir pu le contrecarrer, les deux compères laissent éclater leur hargne : « Tes droits ! quels droits ? » tandis qu'il s'éloigne à grandes enjambées nerveuses. Puisqu'il veut la guerre, il l'aura ! Quel ingrat !

*
* *

Le soir même, London s'installe dans un petit hôtel à Felhoa, près des thermes, non loin de la gare – et de Marie-Eugénie.

Pour superviser la réception annuelle qu'offre la communauté grecque à Ses Seigneuries, le rapport du Palais a recommandé plusieurs personnalités, dont London. Zervos, médecin personnel de Tafari et consul de Grèce, a fait valoir que London parle l'éthiopien, nourrit de solides convictions monarchistes et a toujours manifesté une attitude amicale envers l'Éthiopie. De plus, ce fut un soldat courageux, et la communauté vient de l'élire secrétaire. Sa réputation de probité, soulignée par l'intendant en chef Iasou, qui se porte lui aussi garant de ce fournisseur habituel, confirme les propos de Zervos. Tafari accorde une audience.

Ni London ni Tafari ne pèchent par excès d'enthousiasme envers leurs congénères, mais aussi irrationnel que cela paraisse, malgré l'étiquette et la différence de condition, l'estime réciproque est immédiate et la ressemblance physique – tous deux sont grands et secs – les met plutôt à l'aise.

Ras Tafari a une intelligence aiguë, des manières aristocratiques alliées à une souple élégance, et London, qui ne l'a jamais approché d'aussi près, jauge le ras : ce grand seigneur abyssin, comme l'avait décrit Zervos, est aussi un politique fermement décidé à faire émerger l'Éthiopie comme un pays qui compte au sein de l'Afrique colonisée et vis-à-vis du monde occidental.

Tafari apprécie le côté anguleux de London, son sens de l'organisation, sa clarté d'esprit, sa justesse de ton dans les réponses qu'il développe. Il le félicite d'être champion de tir, et la conversation les entraîne vers la chasse au sanglier, que Tafari ne dédaigne pas, et la guerre qui sans cesse ravage les peuples. Il l'appelle familièrement London et l'invite à un prochain safari. Les traits du Grec montrent la ténacité et la réflexion d'un homme sûr de soi sans prétention ni fausse humilité. Cela le rafraîchit de tant de fadeurs courtisanes et d'obséquiosités assassines ; par ailleurs, les êtres légers l'ennuient. La foi orthodoxe rapproche la communauté grecque de son peuple, et toutes les activités commerciales des Grecs ne peuvent que bénéficier aux sujets de Zaouditou, soucieux de s'ouvrir à l'Europe. Aussi tient-il à ce que les liens entre les deux peuples suivent leur cours amical, explique-t-il à London, qui le sait déjà. Il suggère que le thé et les nourritures de bouche que l'impératrice et lui-même prendront lors de la réception au consulat de Grèce devront requérir toute son attention. Avec promptitude, London répond qu'il s'en chargera personnellement. Le mot « empoisonnement » n'est pas prononcé.

M. Zervos
Consul de Grèce
Consulat de Grèce
Addis-Abeba

Djibouti, le 28 février 1927

Affaire Leonidas Z./Petros et Athanase Z.

Monsieur le Consul,

Mon nom est Christos V., négociant à Djibouti, propriétaire du Grand Comptoir. Si j'ai accepté de témoigner, c'est que je pense apporter à la défense de Leonidas Z. des éléments qui pourront, j'en suis sûr, éclairer sa juste requête auprès de vous ainsi que le comportement d'Athanase et Petros Z., ses cousins et associés.

J'ai un contentieux avec les frères Z. sur une affaire de cognac Metaxas ; je suis le dépositaire officiel de cette marque pour toute la Corne d'Afrique, et je fournis ce cognac partout. Mais, depuis trois ans, les frères Z. ont cessé leurs commandes. Et, ayant mené mon enquête, je me suis aperçu que des bouteilles de cognac se vendent sous cette marque à Addis-Abeba, et que ce sont les frères Z. qui se livrent à cette vente illicite.

J'y ai perdu une grosse somme d'argent, mais, ne pouvant prouver la contrefaçon, car en matière d'alcool c'est difficile, et de plus les deux compères utilisant les bouteilles Metaxas qu'ils ont récupérées de la consigne, je n'ai pu porter l'affaire devant les tribunaux.

D'autre part, Leonidas Z., employé par eux, a été obligé de fabriquer ce cognac (il me l'a dit, et vous le confirmera), mais son honnêteté en cette affaire éclate aujourd'hui, car des bénéfices de cette vente – bénéfices importants : je vous ai apporté mes estimations, il y en a pour plusieurs millions de thalers –, il est évident qu'il n'a rien touché. Les frères Z. non seulement ne l'ont pas payé pendant sept ans, mais l'ont impliqué dans un acte illégal qui leur a énormément rapporté. Il serait injuste qu'il se retrouve sans un sou.

J'ajoute que Leonidas Z. va se marier avec ma petite-nièce Marie-Eugénie V., et qu'il conviendrait de régler rapidement ce différend. Je reste à votre entière disposition pour tous renseignements complémentaires, et je puis me déplacer jusqu'à Addis-Abeba si vous l'estimez utile.

Veuillez agréer, Monsieur le Consul, mes salutations distinguées.

Christos V.

Dans un silence tendu rempli des craquements des parquets, des plaintes sourdes des chaises, Zervos condamne les frères Petros et Athanase Z. à dédommager London. Quant au cognac, puisqu'il n'y a pas eu plainte de la firme Metaxas, ni de Christos, on en restera là. Vive protestation des deux cousins : la connivence entre le consul et London, dont ils savent qu'il vient d'être reçu au Guebbi, aura conduit Zervos à cette décision inique. Mais celui-ci leur cloue le bec en les avertissant que, s'ils ne s'exécutent pas, il portera l'affaire devant les tribunaux grecs. Et leur fait au passage la morale. Au vif déplaisir des cousins, Thémistocle Sabbras veillera à l'exécution du jugement ; il promet des délais, mais leur intime l'ordre de payer sur-le-champ un acompte substantiel. Tandis que Mlle Artémis embrasse Marie-Eugénie, venue malgré l'interdiction maternelle soutenir London, les deux cousins déconfits ordonnent au boy d'aller chercher à leur maison une valise de thalers que l'on compte devant tous.

Aussitôt London loue un petit magasin en dur dans le marché indigène et achète un coupé à deux places pour sortir en tête à tête avec Marie-Eugénie. Quand ils partent en promenade, la mère leur jette un regard des plus fielleux.

Chère tante Matta,

Nous nous attristons tous de savoir qu'Uranie doit retourner en sanatorium. Qu'elle ne perde pas espoir. Peut-être la médecine fera-t-elle des progrès et trouvera-t-on enfin le médicament qui la guérira.

Notre mariage a été fixé pour début avril, et malgré les préparatifs, je ne cesse de penser à vous deux. Quand nous reverrons-nous ? Je vous suis si reconnaissante de l'enfance heureuse que vous m'avez donnée et, malgré la présence de London, je me sens toujours triste d'être loin de vous, je n'y peux rien, c'est plus fort que moi.

Nous parcourons la ville à la recherche d'une maison. Au-delà du quartier blanc, du centre et du Palais, c'est une sorte d'étendue de quartiers champêtres. Des paysans, pieds nus, errent, l'air égaré, croisant des soldats desséchés ; des femmes, leur paquet sur la tête, un enfant dans les bras, s'épuisent en corvées d'eau, des anciens esclaves mendient. Davantage d'orphelins que l'an passé, analphabètes comme la majorité de la population ; ils vont à plusieurs, échangeant des méchancetés entre eux : la survie réclame tant d'âpreté ! Pourtant le pays évolue, se modernise petit à petit. Des travaux sont entrepris et aboutiront à changer les choses... Le plus vite serait le mieux.

Je vous embrasse. Que Dieu vous protège ! Meilleure santé à Uranie !

Mes affectueuses salutations à tante Hélène, Nikos et Claire,

Marie-Eugénie.

*
**

Comme chaque soir, le prince Michel, aidé d'un boy souffreteux qui trottine derrière lui, sa chamma blanche voletante, les bouteilles vides de vodka s'entrechoquant à chacun de ses pas, apparaît près du billard et propose une partie à London et Iasou. Reconverti dans un commerce de peaux, il vient jouer et boire, l'esprit tétanisé par la révolution d'Octobre. Fasciné par la détermination avec laquelle il s'enivre et séduit par sa prodigalité vraiment princière, Iasou ne se lasse pas de l'entendre bafouiller ses interminables jérémiades.

London l'apprécie comme joueur de bon niveau, mais déplore son vice, quoique le prince perde rarement son maintien.

Tous trois commencent un tournoi dont l'enjeu sera les boissons, bien entendu. C'est Chopin, ce soir : Kraus ne cesse de fredonner d'une table à l'autre. Dieu sait quelle juteuse combine il vient de ficeler…

Pendant la partie, London remercie Iasou et lui raconte succinctement l'entrevue avec Tafari. Satisfait de voir sa position renforcée au Guebbi, l'intendant tressaille de contentement. Sans insister, London l'avertit qu'il s'installe à son compte et qu'il se fera un plaisir de fournir le Guebbi.

– Vous aurez une bonne partie des commandes, promet aussitôt Iasou, soucieux de se ménager le silence du Grec, s'exagérant l'importance de l'affaire du manuscrit et se sentant toujours inexplicablement surveillé.

Le prince Michel félicite London et lui indique qu'une maison est libre dans son quartier, qui pourrait peut-être convenir à sa future épouse.

– Je vous ai trouvé quelqu'un pour chez vous. Voilà notre homme ! enchaîne Iasou qui présente Tassama à London.

Tassama ne sait ni son âge ni son nom, mais il sait qu'il est baptisé. C'est un Galla du Nord, un hercule musculeux et racé, le front haut sous une tignasse crépue, parsemée de quelques fils d'argent, le regard direct. Il répond aux questions de London :

– Mon dernier maître ? Un seigneur des hauts plateaux qui faisait travailler dur. Il nous avait tous achetés, on n'avait pas le droit de le regarder, on devait garder la tête baissée… Mais, voyez-vous, M. London, l'âme ne s'abaisse pas comme la tête. Dieu m'a toujours soutenu, ma petite croix m'a aidé… Une nuit, elle m'a dit « sauve-toi ! » – c'était pendant les pluies, j'ai enfermé les vaches que je gardais, et je suis parti. C'est plus difficile de marcher avec la boue, mais pas de traces. J'ai nagé là où les soldats du seigneur n'oseraient pas se risquer, et l'eau m'a porté assez loin. J'ai marché la nuit, toutes les nuits pendant presque une demi-lune. On m'avait dit que dans la grand'ville je serais libre… Dieu m'a aidé, ils ne m'ont pas retrouvé… Depuis… eh bien, j'ai fait de la manutention pour M. Iasou dans les entrepôts…

Il repousse le verre de vodka que lui tend le prince Michel, et demande de l'eau fraîche. London se décide :

– Ma femme t'apprendra la cuisine grecque. Ce n'est pas difficile.

Tassama s'incline. Ils se serrent la main pour conclure l'accord, éprouvant la paisible sensation de déjà bien se connaître.

« L'âme ne s'abaisse pas comme la tête », a-t-il dit, et London l'engage pour cette dignité-là. Tout le reste peut s'apprendre.

La première fois qu'ils entrent dans leur maison, faite de troncs noués par des cordes, recouverte de chaume et de boue, tapissée à l'intérieur de papier, et comportant une véranda, London appose sur chaque mur son icône bien défraîchie de sainte Marina, puis l'embrasse après une courte prière.

– Pourquoi cette sainte ?

– Elle m'a sauvé la vie, je te raconterai.

Sise à mi-chemin entre la gare et la ville haute, sur une colline abrupte, en amont d'un torrent du quartier Makonnen, la villa niche dans le coude d'une allée d'eucalyptus, près d'un puits commun avec les voisins : le prince Michel, dont les peaux à teindre s'étalent dans le pré, et les Lazare, des bijoutiers de Salonique chez qui ils achèteront leurs alliances et feront monter le saphir de Pandora. En venant travailler, Tassama prendra l'eau potable de la source de Felhoa, non loin des toucouls, près de la gare.

Enlacés, ils contemplent longuement de leur jardinet en friches la ville au loin, les clochers de Saint-Froumendios et de Saint-Georges et la corolle de montagnes à perte de vue, et se promettent beaucoup de bonheur.

Cependant, doutes, angoisses, appréhensions agitent l'âme de Marie-Eugénie. Les « choses de l'amour » dont elle ignore à peu près tout, sauf qu'elles existent, la tiennent éveillée tard dans les nuits précédant le mariage. Bien sûr, au Musée national, les illustrations érotiques des vases anciens qui ne cachent rien l'ont instruite. Mais c'est abstrait. Elle regarde son corps nu, son ventre. Le jour où ils ont choisi un grand lit en fer forgé blanc avec des dorures, Marie-Eugénie a rougi quand le vendeur a recommandé : « Allongez-vous, essayez-le… ». Ces pudeurs ne déguisent-elles pas un manque d'amour ? ces craintes, une immaturité devant la vie ? ces ultimes réticences, un désir d'autre chose ? Qu'attend-elle de London ? d'elle-même ? À qui pourrait-elle se confier ? à sa mère ? Impossible, elle se moquerait d'elle… Mlle Liv ? bien trop desséchée pour un tel sujet… Mlle Artémis ? Ça ferait le tour d'Addis-Abeba… Personne ! Elle retrouve ce sentiment de solitude qui lui est si familier depuis l'enfance, malgré ses tantes… Comment devient-on femme ? et mère ? Pour se rassurer, elle caresse les batistes, les broderies de ses tantes, mais leur protection de vierges ne l'aide en rien. Comment London sera-t-il dans l'intimité ? Elle ne parvient même pas à imaginer leur vie à deux… Même si d'opaques désirs l'embrasent quand ils s'étreignent, comment vivra-t-elle cette intimité ?

La clarté de la pleine lune sur ces murs ocre tant détestés accroît ses inquiétudes. Au creux de son lit, elle ressasse de maigres signes d'apaisement : Iris, après son mariage, a semblé plus gaie… À l'aube seulement, après s'être retournée encore et encore, cherchant une meilleure place sur l'oreiller, elle s'endort.

Réitérant à travers leurs modestes personnes un rite plus fort qu'eux, en l'église Saint-Froumendios ils se marient sous les blanches couronnes tenues derrière leur tête, et le pope, dont la beauté androgyne ne trouble plus ce pruneau d'Iris, se met à psalmodier.

Au sein de la clarté changeante des vitraux et de l'encens répandu autour d'eux, London l'embrasse légèrement. On les applaudit et le défilé des complimenteurs commence au seuil de l'église : son père, une étreinte quasi sauvage sans mot dire (l'avoir retrouvée pour la perdre à nouveau); sa mère, en grande tenue et chapeau, glapit : « Quel beau jour pour nous ! » (ô Matta ! l'absence de Matta !) ; puis Pandora, accompagnée de Basile, maladroit dès qu'il ne travaille pas : « Tu vois, on y est arrivés, te voilà casée ! Nos meilleurs vœux » ; Iris en soie safran, suivie de son mari, se contente d'un morne souhait; Alkisti, dans une robe soleil qui la boudine, ce dont elle n'a cure (oh ! surtout éviter le mariage, fuir ça !), l'embrasse avec tendresse; puis les cousins que la tradition a contraints, malgré le procès, d'être les témoins de London, puisqu'ils sont sa seule famille ici : « Que vous viviez heureux ! Toute votre vie ! Que vous viviez dans l'harmonie ! » (London se raidit, détourne l'embrassade dans le vide, ressentant avec acuité sa solitude d'exilé alors qu'il y pense si rarement, sauf certains soirs de pluie; rugueuse et silencieuse, l'image de sa mère, une grande diablesse tétanisée par le despotisme du « chef », son père, lui revient en mémoire); Zervos, Lalsikos en costume blanc, Sabbras, le Strié et bien d'autres... Les visages montent vers Marie-Eugénie, des inconnus l'entourent, elle subit leurs accolades – elle effleure une joue tannée, embrasse un visage poudré qui fleure une eau de Cologne bon marché, elle décèle l'odeur de tabac persistant dans les fibres des costumes, elle serre des mains calleuses aux ongles difficilement curés – tout ce flot de chairs humaines, ces mimiques d'automates, ces froides embrassades se superposent comme autant de vagues d'ombres qui peu à peu la submergent et l'emportent dans leur incessant tangage… Dégoût et compassion pour cette portion d'humanité à laquelle elle appartient par hasard, quoi qu'elle fasse pour s'en désengluer, et dont elle porte la trace, dont elle parle la langue, dont elle transmet la mémoire aux enfants, dont elle subit le carcan des contraintes, dont elle partage les croyances… Ça, une communauté ? Parfois, elle a l'impression de parler avec London une autre langue que le grec, d'être une étrangère dissimulée sous un masque… Pas comme eux ? pas avec eux ? Pourtant, elle connaît tout de leurs envies de fortune, de leur triste respectabilité, de leurs plaisirs villageois, de leur nostalgie d'expatriés, de leurs crispations helléniques, de leur mépris de petits Blancs, de leurs rêves morts… Elle *est* leur tonitruante perdition, leur secrète déchirure, leur inavouable médiocrité qu'ils déversent sans le savoir dans les compliments stéréotypés adressés à leur jeune couple… Et, en même temps, elle sait qu'elle *n'est pas* cela…

Elle s'accroche au bras de London pour ne pas être emportée par ce courant froid et noir. Elle chancelle…

Sur le parvis, Marie-Eugénie serre dans sa main quelques grains de riz qu'on leur a jetés (pourquoi n'êtes-vous pas là, mes tantes ?). Des mendiants tentent leur chance, les piécettes sont vite ramassées. Elle évite de penser à leur détresse. Le soleil frappe dru. Les passants les regardent en souriant. Une espèce de flottement, d'hésitation envahit la noce en attendant le photographe qu'ils ont rencontré dans son petit atelier de la rue Ras-Makonnen. London a les traits tirés, sans doute pense-t-il lui aussi à son village accroché à flanc de montagne – le temps, les kilomètres n'y font rien –, se remémorant en accéléré son brusque départ, sa guerre, son arrivée ici, et puis ces années à travailler comme on s'anéantit, jusqu'à ce qu'il la rencontre… Ils se mettent côte à côte, sérieux, patients. Marie-Eugénie se sent fatiguée. Le photographe lance des ordres qui lentement ressoudent le clan dans un bloc tout orgueil, tout mensonges et tout préjugés autour du couple. Ombres de chairs mourantes en noir et blanc, tôt ou tard simple agrégat anonyme…

Dès qu'ils arrivent à la maison des parents pour les agapes du mariage, non loin de l'icône de la Vierge amnésique qui la fait blêmir chaque fois qu'elle se souvient que son prénom à elle n'y figure pas, Marie-Eugénie entend London lui murmurer avec gouaille : « Prête ? » Il lui enlace la taille d'un geste possessif et déclare d'un ton sans appel :

– Maintenant, elle est à moi et je l'emmène !

– Tout de suite ?!

– Oui, tout de suite. Nous avons assez attendu.

Les parents font semblant de ne pas comprendre le désaveu que London leur inflige. La mère s'enflamme de colère, mais le dur regard de London lui interdit tout éclat. Les invités éberlués ne savent que dire, que faire. Seul Zervos dissimule un sourire. Penauds, ils suivent longuement des yeux l'arrière du coupé sautillant tout le long de l'allée des eucalyptus, le tulle du voile de l'Allemande flottant au vent semble les narguer avec espièglerie.

On s'étonne, on s'échauffe, on critique, on s'étonne encore, et puis on mange comme si on ne devait jamais se remettre à table, on oublie le couple, le vin de Samos fait son effet, l'ouzo aussi, on finit par chanter, par danser, Iris remonte la manivelle du phonographe, on évoque les mariages d'antan, et on rechante toutes les chansons du répertoire, et on casse quelques assiettes aux pieds des danseurs, on fume, on joue aux cartes, et tout alentour on envie ce mariage réussi.

Une nuée de mendiants dévorent les restes à l'arrière.

Un dîner de gourmets aux chandelles préparé par Tassama, qui s'éclipse, les attend. Des pétales de fleurs jonchent la table. Un gramophone grince pour son plaisir à elle, car London préfère le rébétiko et n'apprécie pas la grande musique, qu'il juge trop « bruyante » : leur seul désaccord…

Devant la coiffeuse d'osier vert, ce geste qu'elle a pour retirer la dernière épingle qui libère sa chevelure dans son dos émeut London, qui l'embrasse avec fougue au creux de la nuque et l'entraîne sur le lit de fer forgé blanc. Malgré son trac, elle fait les gestes de l'amour. À la douceur retenue de cette première nuit succéderont des étreintes d'amants impatients. London la fait rougir quand il décrète qu'elle est très douée… Ils s'aiment et bavardent interminablement, avalent des spaghetti arrosés de champagne au beau milieu de la nuit, s'endorment en bénissant celui qui a inventé le lit.

Son propre plaisir l'enchante : comment avait-elle pu redouter l'intimité ? Elle en soupire d'aise, s'étire de bien-être, les cheveux épars. Au fil du temps, leur confiance, leur abandon s'établissent sans partage. Ils sont inventifs, obscènes et passionnés. Elle ne se lasse pas de ce corps d'homme à la peau soyeuse dont elle aime la fine musculature, les épaules nettes, les cuisses fortes, le bassin étroit, et s'étonne toujours un peu de ce sexe tiède et vivant de désir.

Elle effleure souvent sa longue cicatrice de soldat au bas du dos, mais London reste laconique sur la guerre : « Tuer, encore tuer, tuer, c'est toujours la même chose, il n'y a rien à en dire. Fuir ça, se mettre hors de ça, c'est ce que j'ai réussi à faire au bout de six ans. »

Peut-être le visage qu'elle lui préfère, c'est quand il dort, harassé de travail, bouffant le sommeil avec une délectation vorace. Ou quand il lit les journaux, désirant s'approprier le monde comme on enlace une femme. Les accordailles du jour préparant celles de la nuit.

7

Quand, las des casinos du Caire, le frère cadet de London annonce qu'il vient vivre avec eux, si peu de temps après leur mariage, seul le sens du devoir familial les contraint à l'accueillir.

Il apparaît un soir, il ouvre les bras, exagérant l'émotion des retrouvailles. Vêtu dernier cri, mondain en diable, canne à pommeau d'argent et borsalino, c'est un quasi-inconnu qui entre sans plus de manières dans leur intimité.

London cherche à retrouver l'enfant dans ce dandy désabusé. En vain. Quelques souvenirs, des noms, des histoires du village sont égrenés pour remailler le fil distendu du temps. Mais l'essentiel gît dans ce qu'Évangéli ne dit pas. Ce qui le pousse à s'installer à Addis-Abeba ? Changer d'air, répond-il. London n'insiste pas, soupçonne de mauvaises querelles, des dettes de jeu, une histoire de femme.

– Et toi, London, pourquoi es-tu parti comme ça, sans rien dire ? Les parents n'ont toujours pas compris. Quand tu as quitté le village, tu n'avais que quinze ans, et moi j'apprenais à lire…

– Parce que j'avais fumé en cachette chez le père d'Athanase et de Petros. Il m'avait découvert et menaçait de me dénoncer, alors je suis parti.

London se tait : il se revoit, tout gosse, aspirant avec délectation, caché derrière le comptoir, la fumée de la cigarette que son oncle n'avait pas finie, du tabac blond, épicé et enivrant comme une drogue. C'était l'heure de la sieste, son oncle laissait ouverte l'épicerie sous sa surveillance tandis qu'il s'octroyait un somme. Il aspirait chaque bouffée lentement, sentant la fumée entrer dans sa bouche et s'appliquant à la rejeter par le nez, en homme, quand tout à coup les pas de son oncle l'avaient surpris… Il avait jeté le mégot dans une pantoufle qui traînait là Dieu sait pourquoi… L'ombre menaçante, chaussée de guêtres, s'était rapprochée, et l'odeur de brûlé avait irrémédiablement envahi l'épicerie. « Ma boutique ! tu vas faire flamber ma boutique ! Pauvre idiot ! Irresponsable !

Crétin ! Fumer ! Tu n'as pas honte ? tu ne sais donc pas à quelle famille tu appartiens ? Fumer ! À ton âge ! » avait-il crié en tapant de toutes ses forces sur le début d'incendie. Ses paroles méprisantes, sa menace immédiate de prévenir le « chef », son père… La terreur avait saisi London, une terreur animale, il imaginait déjà le ceinturon s'abattant sur son dos, le visage glacé de son père, son regard acéré, sa main sans hâte se relevant et s'abaissant à nouveau, et, sans réfléchir, il s'était jeté hors de l'épicerie, courant comme s'il était poursuivi par une armée d'ombres tueuses (son oncle n'avait-il pas poignardé sa sœur parce qu'elle avait écouté des airs de guitare que lui jouait sur les remparts un galant ? Ah, son oncle ne transigeait pas sur les principes !… Tout comme son père qui disait que si l'aîné ne l'avait pas fait, il s'en serait lui-même chargé : c'est que la réputation, le nom devaient rester sans tache… Dieu merci, la sœur poignardée avait survécu et avait dû épouser illico le galant), il avait fui cette mentalité d'un autre âge, avait couru le long de la grand'rue, avait couru à perdre haleine, trébuchant sur les petits cailloux du chemin qui sortait du village, avait dévalé la pente, tombant et s'éraflant les mains, sans pouvoir s'arrêter, sachant que jamais plus il ne pourrait subir ce regard, ces coups, empli de toutes les peurs de son enfance, empli des frayeurs que lui inspiraient son père et son oncle, avait couru à perdre haleine, consumé de culpabilité, déchiré de honte, révolté...

– Tu avais si peur ?

– Plutôt la honte...

– C'est vrai que le « chef » n'a rien de commode... Et la mère qui n'osait rien dire !

(London n'aime pas parler d'elle, dans le fond il lui en veut de ne pas l'avoir protégé du ceinturon du « chef ». Mais qu'y faire, avait-il répondu à Marie-Eugénie qui, pendant leurs fiançailles, s'étonnait de sa réserve, mais qu'y faire si nos mères ont été si peu mères... Et Marie-Eugénie s'était tue. Les vraies souffrances s'expriment peu : oui, elle comprenait.)

Les deux frères sourient. La plus grande partie de la denture d'Évangéli est en or et lui confère un air vaguement inquiétant ; Marie-Eugénie l'imagine volontiers en malfrat d'importance ou en cheik déchu errant de casino en villégiature dorée.

– Combien de fois ne m'a-t-il pas frappé ! bougonne Évangéli. Tout de même, tu aurais pu...

– Je n'ai pas réfléchi.

Il avait continué de courir, et puis s'était aperçu qu'il avait franchi plusieurs kilomètres. Alors, reprenant son souffle, voyant que personne ne le poursuivait, il avait marché jusqu'au prochain bourg. Il était resté sans manger ni boire jusqu'au lendemain, toujours en proie à cette terreur qui avait été longue à se dissiper. Il s'était fait engager dans une oliveraie où il avait survécu de pain noir nappé d'huile qu'il salait – habitude qu'il avait conservée –, puis comme serveur dans l'unique restaurant où il s'était repu de dolmades, de moussaka, de youvesti jusqu'à engraisser d'une bonne dizaine de kilos. Ensuite il avait devancé l'appel : deux ans de service militaire, puis, encore tout jeune homme, plein d'énergie et ne connaissant que le bleu du ciel et les jeux de tir entre copains, il était tombé dans le cauchemar de fer, de sang et de glace de la guerre… L'Histoire, vue de près, n'était qu'un désastre de corps mutilés, de vies brisées. Ordres imbéciles, incompétences assassines et discipline absurde, peur : il avait enduré tout cela. Démobilisé, il s'était embarqué pour Djibouti, et, de là, il avait rejoint ses cousins, les fils de l'oncle poignardeur.

London se tait et soupire. Évangéli reprend :

– Des veinards, hein ? Ils ont échappé à tout ça…

– C'est bien fini, marmonne London.

– Raconte-moi un peu cette affaire de cognac…

Après l'avoir écouté, Évangéli lui tape l'épaule en signe de connivence. Car lui aussi s'en est allé. L'argent est plus facile à gagner quand on sait jouer. Et il en a vécu, bien ou mal, selon la donne. Au Caire, plutôt bien. Mais fini, pour lui, cette ville. « Et en ce moment, comme tu vois, c'est un creux », se borne-t-il à ajouter. Son regard se détourne et fixe le lointain, et sur son visage se peint brusquement un ennui quasi tragique.

Il propose un poker, explique patiemment les règles à Marie-Eugénie. London ne mise qu'à coup sûr, elle se hasarde à bluffer et se fait rafler sa mise par Évangéli qui lui enjoint de mieux contrôler les muscles de son visage pour rester impassible, ainsi que le mouvement de ses yeux, qui l'ont trahie. Vexée, elle repousse les cartes tandis qu'ils la taquinent de se montrer si peu fair-play. Leurs cigares empestent durablement la maisonnée.

Le temps qu'Évangéli reste, il exaspère Marie-Eugénie lorsqu'il chante du rébétiko en se rasant, vers midi, lorsqu'il sirote son café de façon interminable, lorsqu'il fume en détaillant les arbres alentour comme s'il voulait compter leurs feuilles une à une, lorsqu'il exige ses chemises blanches sans un faux pli que Tassama repasse en tremblant.

La présence d'Évangéli pèse à Marie-Eugénie qui se contient, obéissant à l'injonction sans faille de tante Matta : « Faites votre devoir. » London temporise, mais s'agace des airs de grand seigneur qu'affiche son frère. Sa mentalité des milieux du jeu englobe dans un même mépris le travail, l'esprit d'économie petit-bourgeois et les femmes. Sa rudesse envers elle ou Tassama la blesse, elle serre les poings, fronce les sourcils, retrouve cette amertume qui l'ulcérait dans la maison paternelle. S'il sait être généreux, par fierté autant que pour marquer son indépendance, il considère l'hospitalité de son frère comme un dû. Parfois, pour l'éviter, Marie-Eugénie s'attarde chez les Lazare : l'insouciance rieuse de Rachel, qui affronte la vie comme une houle avec laquelle il faut jouer et ruser, la déride. Ses tresses blondes sifflent autour de son visage potelé. Elle et Lazare, combien ont-ils déjà bourlingué depuis Salonique : Athènes, Alexandrie, Djibouti, un bref séjour au Kenya, puis Addis. « Je peux déménager en un après-midi », affirme Rachel. Regrette-t-elle la Grèce ? sa famille ? Elle sourit légèrement : « Partout où je vis, je suis chez moi. » En désignant le chandelier d'argent, elle murmure : « Dieu est partout, et la vie est partout ! Et puis, j'ai foi en... Lazare ! » Et elle éclate d'un grand rire, car elle a oublié le strudel qui brûle dans le four en fonte.

En fin d'après-midi, Évangéli coiffe son borsalino pour aller jouer et, après s'être jeté de longs regards devant le miroir, il prend sa canne à pommeau, virevolte une dernière fois pour admirer son élégance maniaque, et sort. Marie-Eugénie peut se détendre enfin.

On ne connaît pas d'amis au nouvel arrivant, et ses cousins Petros et Athanase ne le reçoivent pas. Vivre du jeu n'est pas sérieux, à leurs yeux.

Depuis qu'il initie Abdallah au poker sous le regard lourd de Kraus, Évangéli s'est procuré une épée qu'il dissimule dans sa canne. Le bel adolescent rage quand il perd, un éclat sauvage au fond de ses prunelles jaunes.

Les habitués ont relevé l'ascendant qu'exerce le jeune Harari sur le patron, lequel lui apprend à s'habiller à l'occidentale et des rudiments d'allemand. La nature de leurs relations ne fait aucun doute, bien que rien dans leur attitude ne singe les afféteries des amants. Sa beauté rogue, son absence de scrupules inquiètent, mais Kraus tient fermement les rênes du belliqueux jeune homme. La morale au bord des lèvres, Athanase et Petros prédisent des catastrophes. Iasou s'écarte du billard quand il s'approche ; leurs relations se limitent aux équipées nocturnes liées au trafic d'armes. Quant à London, il toise le jeune fauve avec calme mais prudence.

L'attitude d'Évangéli se modifie imperceptiblement. Sa témérité l'amène à jouer dans les minuscules maisons de café tenues par des femmes qui se prostituent derrière le rideau. Trouvant les Éthiopiens nerveux quand ils perdent, persuadés à tort qu'il triche, il porte constamment un revolver, puis deux. On le sent préoccupé.

Parfois, son regard s'adoucit quand London prend Marie-Eugénie dans ses bras. Il lui arrive même d'évoquer le « chef » et leur mère avec une émotion qui laisse Marie-Eugénie surprise : elle le croyait plus endurci. London le juge plus prétentieux que méchant, et demande à sa jeune épouse d'attendre, de patienter. Attendre. Patienter. Qu'elle déteste ces deux verbes !

Marie-Eugénie annonce qu'elle est enceinte. Dès que son ventre s'arrondit, les Lazare la félicitent joyeusement (Rachel commence à tricoter pour le bébé : toute venue au monde est une fête ! et pourquoi ce bébé ne serait-il pas un génie, un artiste, un savant ? Joie ! joie ! espérance ! Rachel papote, virevolte ; qu'elle aimerait être enceinte, et pourtant nous nous appliquons, ajoute-t-elle en pouffant devant l'air un peu guindé de Marie-Eugénie dès qu'on aborde *ce* sujet) et les saluts du prince Michel, à travers les jardins, se font plus cérémonieux. Iris, qui lui avait demandé avec une perfidie consommée, au bout de quelques mois de mariage : « Tu es stérile ? », lui envoie un court message. Intéressée par les modifications du visage et de la silhouette de Marie-Eugénie, Alkisti la dessine au fil de sa grossesse. Du bout des lèvres, la mère lui prodigue de fallacieux conseils sur les « envies », et le père s'émeut.

Deux autres boys sont embauchés pour le jardin et pour les chiens – Zita n'a pas moins de neuf compagnons que London élève avec beaucoup de plaisir. Et un âne pour ses transports, deux chevaux pour les randonnées, une chèvre pour fournir du lait à l'enfant… « L'arche de Noé ! » le taquine Marie-Eugénie.

Profitant d'une absence de London et de Marie-Eugénie, et sans les en avertir, Évangéli part s'installer dans une maison ceinte de grands murs. Tassama a dû préparer ses effets en moins d'une heure et les déposer au seuil de la villa, sans pouvoir y entrer. Il n'y invite personne, ne s'explique pas, se contente de passer au magasin de London au gré de ses tournois. Pourquoi un tel mystère ? Pourquoi se cache-t-il ? Qui l'aurait cru si riche ? Sa morgue dissuade de poser la moindre question. Grand prince, il leur fait porter une série de casseroles de cuivre, un châle de soie chinois, et une luxueuse paire de bottes de cheval pour London. Chez Kraus, il se fait rare. Au volant d'une voiture, il sillonne les mauvaises pistes du Sud pour un futur commerce de café, dit-on.

Au cours d'une de ses visites, l'attitude de Mlle Artémis – comme Marie-Eugénie persiste à l'appeler – crée un malaise que l'évocation d'Athènes dissipe un court instant. Son mari sera nommé consul dès que Zervos partira à la retraite, et d'ores et déjà elle prend ses distances envers Marie-Eugénie – presque une parente pauvre, sans avenir diplomatique ? Sûrement ! Mais, sous l'exubérance et l'autosatisfaction qu'elle copie sur son mari Thémistocle, Marie-Eugénie décèle une sorte d'absence qui lui rappelle l'efficacité si froide et pourtant secourante de Mlle Liv. À cette différence près que le choix de la huguenote respecte des valeurs qui ont toujours été les siennes. Tandis que Mlle Artémis, elle, semble vivre avec une fausse personnalité. Elle grince. Pas encore de la souffrance, juste une fêlure imperceptible – mais qui sait combien de temps elle supportera ce rôle d'emprunt ? Et à quel prix… « La littérature ne m'intéresse plus, affirme-t-elle : fadaises et perte de temps ! Le monde seul compte, et l'argent c'est le pouvoir, la liberté ! » lance-t-elle en se levant avec brusquerie, comme si elle débattait avec d'invisibles interlocuteurs. La rumeur la dépeint dépensière, fabuleusement dépensière, férue de pierres précieuses, de manteaux de fourrure, d'objets d'art. Et la rumeur calcule la fortune que son mari, simple vice-consul, dilapide pour satisfaire un semblable appétit. Même le richissime Lalsikos s'interroge : d'où vient tout cet argent ? Avec commisération, elle regarde la modeste villa de Marie-Eugénie : son destin hors du commun ne la place-t-il pas hors de ces fadeurs ? Après l'Éthiopie, son mari obtiendra une ambassade en Europe, à Rome, à Berlin, à Londres ou à Paris… Ces contrées reculées ne seront qu'un mauvais souvenir. Sa petite fille boude, assise sur les marches de la véranda, tandis que son bébé gazouille sur une couverture, sous la surveillance des deux femmes, qui n'ont plus rien à partager.

Mi-assoupie, en proie à une torpeur de femelle alourdie, Marie-Eugénie regarde ce ventre que London embrasse avec amour. Ses cheveux roux dénoués sur une robe claire, les mains posées sur le bébé à naître, elle se tient immobile de longues heures, sans s'ennuyer. C'est si bon.

Souvent, le long de l'allée d'eucalyptus, dans un nuage de poussière, une cohorte de hautes silhouettes à cheval, suivies de mulets chemine jusqu'à l'une des villas en bordure. Tantôt chez les Lazare, tantôt jusqu'à la peausserie du prince Michel, tantôt chez eux.

– Vous êtes exact au rendez-vous, constate, en plissant les yeux, le maître de caravane, revêtu d'une cape de laine brune, à London qui l'accueille sur les marches de la véranda, tout en souriant à la politesse raffinée de l'homme qui vient de marcher des jours entiers jusqu'ici, l'ayant fait prévenir entre-temps par un messager courtois.

C'est un homme trapu, calme, mais que London sait susceptible de colère. Une fois, chez l'orfèvre Lazare, il a fait tomber, en giflant et secouant un de ses serviteurs, tout un larcin de bracelets de pacotille dissimulé dans les plis de la kuta, et comme l'autre se débattait, il l'a saisi par les testicules, ce qui a fait rire tout le monde, hormis l'intéressé, chassé sur-le-champ et rendu à sa misère.

Ils s'installent à l'arrière, dans le jardin, près du bananier. Les chevaux et les mulets sont attachés dans la petite écurie du fond. Cachée à l'intérieur de la maison, Marie-Eugénie fait porter les fauteuils en osier pour le chef et London tandis que les gardes, des géants silencieux, s'assoient en demi-cercle, leur tunique de coton blanc étalée par terre.

Le chef se gratte la tête comme un singe sentencieux. Plusieurs fois. Puis s'enquiert :

– Comment vas-tu, London ?

Ainsi, lentement, va-t-il poser une kyrielle d'autres questions.

London ne s'impatiente pas, c'est le cérémonial, comme la parade des oiseaux amoureux avec figures imposées, paroles rituelles, approches différées. Et, sans palabres, pas d'affaires. L'expérience lui a aussi appris à savourer le sel de ces échanges en apparence immuables. Malice, esprit d'à-propos, images inattendues peuvent émailler la litanie qui varie ainsi à chaque rencontre, quand les hommes s'estiment. Des hochements de tête ponctuent la joute qu'on prolonge à plaisir.

– Tu as de nouvelles marchandises ?

Malgré le ton négligent, comme si cette dernière question faisait partie de la litanie, on y est : la transaction commence.

Et London de répondre avec une soigneuse précision :

– Pour sûr ! J'ai du cognac de France.

– Je n'y ai jamais goûté…

Aussitôt London appelle Tassama qui sert le cognac sur un plateau préparé à l'avance. Puis on goûte d'autres liqueurs. London détaille, au gré de l'intérêt de son interlocuteur, ses marchandises. Champagnes et parfums de France, vins italiens, vodka, cotonnades indiennes, soieries chinoises, feutres… Une fois le chef alléché, London propose d'aller jusqu'au magasin, en ville, choisir sur pièces. Sur leurs mulets, les deux hommes partent, suivis à pied d'un garde. Pour satisfaire les goûts du Palais et des Éthiopiens riches, plus ou moins occidentalisés par leurs études ou leurs voyages à l'étranger, London a diversifié son comptoir sur les conseils de Christos, et au grand dam de ses cousins qui l'envient. Le chef approuve, choisit, commande ; la ville s'agrandit, les affaires aussi.

Les autres gardes mangent, s'occupent des chevaux, dorment sur l'herbe pendant l'après-midi, la tête posée sur les sacs remplis de thalers du chef. Marie-Eugénie ne se montre pas : précaution élémentaire, même si elle ne risque rien, elle garde le fusil de chasse près d'elle. De façon plus ou moins explicite, une femme c'est un butin. Tassama ne quitte pas la maison.

Le chef plante sa tente pour la nuit, dépose ses achats, puis repart voir d'autres marchands. Le lendemain, au moment du départ, il paye London, puisant devant lui l'argent dans les sacs. Paroles d'amitié et compliments d'usage échangés, la petite caravane s'éloigne dans un halo poussiéreux sous les ombrages des eucalyptus.

Ce jour-là, avant de partir, le chef informe London que la caravane destinée à Lazare a été pillée jusqu'à la dernière petite cuillère, et que, une fois n'est pas coutume, Lazare avait tout payé d'avance. Toute une fortune envolée. Des milliers de thalers.

Dès qu'ils s'en vont, Marie-Eugénie peut de nouveau s'installer dans le jardin.

Sans hésiter, London se rend chez son voisin. Figé, la tête entre les mains, devant une assiette intacte, l'orfèvre Lazare s'est tassé. C'est une boule triste et mate qui ressasse sa déconvenue : il a tout perdu. Ses caravaniers blessés, les chevaux volés, les croix d'argent filigrané, les plateaux d'argent, les coupes : tout a été pillé, il ne lui reste plus rien. Ruiné en un jour. Aucun recours : contre qui ? Encore bien beau que personne ne soit mort. Des malles, des caisses jonchent l'entrée en vue de leur retour à Salonique.

Il n'entend pas London entrer et n'ose en croire ses yeux quand London sort de l'argent et le pousse sur la table devant son assiette.

– Vous êtes sûr ? mais pourquoi ? pourquoi vous ?

Leurs rapports de bon voisinage, d'estime réciproque ne justifient pas une telle générosité. Leurs clients sont souvent les mêmes : petits ras de bourg, fonctionnaires des ministères... Ils ont des conversations de commerçants, leurs boutiques sont voisines, ils se connaissent, mais sans vraiment se fréquenter. Marie-Eugénie, quand Évangéli l'exaspérait trop, venait se réfugier auprès de Rachel, mais rien que de brèves visites, des conversations de femmes... Devant les liasses de billets posées en vrac par London, il cherche ses mots :

– Je ne comprends... je ne sais comment vous remer...

– Ce qui vous arrive... enfin, ça peut nous arriver..., coupe London. Vous vous referez, je le sais, je vous connais… Et si cela peut vous aider…

– Nous allons à Dirédaoua, chez des parents, puis de là, en Grèce… Ils vous rembourseront…

– Non, pas de reçu, ce n'est pas la peine. Quand vous pourrez, je sais que vous me le rendrez, et j'en suis sûr, marmonne London en se retirant.

Sous le crépuscule scintillant, dans leur allée remplie d'un air de violon du prince Michel qui, passé un certain nombre de vodkas, se sent l'âme musicienne, le couple des Lazare le regarde s'éloigner jusqu'à sa maison; une forme blanche apparaît et l'enlace.

– Il est des êtres à travers lesquels Dieu se montre aimant, murmure Lazare à Rachel, émue aux larmes.

Marie-Eugénie atteint son terme. Son pâle visage estompé à travers les vitres et la pluie menue de printemps. Ses yeux cernés, ses joues remplies dans la glace incertaine de leur chambre. Sa démarche de femme enceinte, une main sur le bas du dos.

Tôt un matin d'avril, elle perd les eaux. Son regard se porte vers le ciel parsemé de nuages diaphanes qui s'étirent, puis sur le jardin, et sur la ville au loin. London, excité, ne cesse de plaisanter en tournant autour d'elle. Ils rient. Un drap est tendu au-dessus du lit pour que Marie-Eugénie puisse s'y accrocher. À la cuisine, sa mère fait bouillir de l'eau en quantité, prépare des linges. Les heures passent, rythmées par les contractions qui s'intensifient. Les flancs cerclés par la douleur qui monte, fulgurante, épuisante, Marie-Eugénie grimace, gémit, crie, la bouche sèche ; son regard vacille. London lui tient la main, elle y enfonce ses ongles. Collomb murmure à London que ce sera long, vu l'étroitesse du bassin ; il lui humecte le visage. La violence du travail l'étourdit et elle perd connaissance. Giflée énergiquement par le médecin, elle revient à elle.

– Ouvrez les yeux et tenez bon ! Tout va bien ! continuez ! je repasse vers minuit ! Quelle voix, Marie-Eugénie ! Tout le quartier est au courant, maintenant ! la taquine Collomb.

– Quoi ? Encore deux heures ! souffle Marie-Eugénie avec indignation.

La mère de Marie-Eugénie regarde sa fille sans compassion et rentre chez elle dormir.

Marie-Eugénie se met sur le côté ; c'est égal, elle souffre. À demi-nue, toute honte bue, elle s'accroupit ; ça ne va pas mieux ; elle se recouche. Elle a soif, elle transpire, elle se désespère de l'enfant qui ne vient pas. À l'aube, l'enfant pousse. Brève sensation de plaisir, inattendue. Mais les poussées réitérées ne donnent rien. Tout le visage de Marie-Eugénie a rougi : des petits vaisseaux ont éclaté.

– Priez le ciel que votre femme soit solide ! glisse Collomb à London, qui pâlit. Je n'ai rien pour une césarienne, seule la nature peut faire son œuvre.

Midi : ça lui scie le dos, le ventre, ça remonte, ça coupe le souffle… Minuit : temps dilaté, temps épaissi, douleurs plus profondes, souffle court, tenailles laminantes, cris, peur abyssale d'y rester. Elle n'est plus que ça, qu'un passage pour un autre corps. Enfin, le soir du troisième jour, l'enfant naît et crie.

En silence, épuisée, elle se remplit les yeux de lui. La tête en pain de sucre, yeux clos, cheveux roux comme elle, les doigts graciles aux ongles qui s'effilent. Plus de trois kilos.

London bégaie un peu, assis vers elle, les yeux brillants : un fils ! mon fils !

– Alors, ma fille bien éduquée… t'en reviens pas ! Qu'est-ce que tu croyais que c'était ? Rien que du sang, des larmes, de la m… ! Et en plus, ça fait mal ! Bon sang, ce que tu peux être coincée, ç'aurait dû aller trois fois plus vite ! Allez ! qu'il vive heureux, en bonne santé, et centenaire ! dit la grand-mère en passant autour du cou du bébé un florin Constantinato.

Marie-Eugénie la dévisage avec une haine que, pour la première fois, elle ne dissimule pas. « Qu'y a-t-il de commun entre moi et cette femme ? » Si elle en avait la force, elle la jetterait dehors, mais seules les larmes lui viennent. Un long sanglot, interminable et bienfaisant. Pour la calmer, London prend l'enfant dans ses bras, avec précaution, et cherche avec elle les ressemblances.

– Que Marie-Eugénie dorme et se repose pour que la montée du lait se fasse pour… Au fait, comment s'appelle votre fils ? demande Collomb en partant.

– Diogène.

– Félicitations, London, mais attention : plus d'enfant, la prochaine fois elle y reste, murmure-t-il. Dans ce pays, comment faire… ? Même à l'hôpital suédois, ils n'ont rien de bien utile pour les femmes en couches… Et si vous saviez le nombre d'Éthiopiennes que je vois mourir…

Mlle Artémis, les épouses de Petros et Athanase, les mères de ses petits danseurs défilent, de la layette plein les mains, joyeuses, émoustillées, bruyantes, débordantes de vitalité.

Alkisti berce le bébé avec ravissement. Cette corolle de visages féminins autour de son lit rassérène Marie-Eugénie.

Christos lui fait parvenir un petit colis dans lequel tante Matta a mis des jouets de bois pour Diogène, un saint-nicolas et l'ourson préféré de Marie-Eugénie enfant. La lettre annonce que tante Uranie s'est beaucoup affaiblie, autrement dit qu'elle se meurt.

8

De la fenêtre ouverte sur le jardin, des senteurs sucrées de chèvrefeuille embaument le crépuscule…

«*L'impératrice Zaouditou morte "fortuitement"*, affirme le journal *Vradiny, ras Tafari sera proclamé empereur à l'automne et prendra nom de Hailé Sélassié : "Puissance de la Trinité". La capitale Addis-Abeba s'embellira…*» Remous du monde comme un théâtre à grand spectacle… «*Après la disparition de Lidj Yasou, après avoir su déjouer un complot dans son palais, ourdi par Balca, vétéran des guerres de Ménélik et qui lui était opposé, après l'écrasement de la rébellion des provinces du Nord-Est, commandée par le ras Gugsa Walé qui y périt, et la mort de Zaouditou quelques jours après, l'accès au pouvoir absolu du négus Tafari est chose faite...* » Ces événements quasi irréels se succèdent loin d'elle, sans vraiment la concerner... London habite le monde ; son monde à elle, c'est Diogène qui s'est endormi après la tétée, une main tendue vers l'invisible, protégé d'une moustiquaire ; c'est la quiétude lumineuse de cette demeure, ce jardinet fleuri, ses cours de danse...

Marie-Eugénie bâille, son regard erre sur les pois de senteur mauve pâle et blancs, sur le velours rouge sang presque noir des roses qu'a plantées sa mère qui, Christos a dit vrai, a la main verte. Leur odeur sucrée rampe dans le soir tiède. Elle s'étire, contente de ces brefs moments de retrouvailles avec le silence. Le journal glisse à ses pieds. Tafari, qu'elle n'a entrevu que de loin, lui paraît bien capable de tout. London ne dément rien... Le long de la haie d'œillets de poète tachetés, des dahlias charnus éclairent l'ombre qui approche. La tache laiteuse de la chèvre qui s'est couchée devant le bananier...

Ses pensées le ramènent vers les soirées d'Athènes... Ici, à part les fêtes du carnaval, de Pâques et de l'Indépendance grecque, London évite la fréquentation du cercle des Européens qui tourne sur lui-même, tel un scorpion. Pas d'autres liens que les officiels, et la famille à doses homéopathiques. Les quelques Éthiopiens nantis qui pourraient devenir des relations vivent de leur côté, London ne les croise que lors des parties de chasse auxquelles l'invite Tafari. Collomb est une exception : ami des sorciers, il s'intéresse à la folie et à son traitement, et côtoie les deux mondes, mais c'est un médecin, de surcroît célibataire. Un peu comme l'écrivain Monfreid, mais dans un tout autre genre… Ces deux-là sont hantés par l'Afrique, toute l'Afrique de Dakar à Djibouti, l'Afrique tribale, magique, aventureuse, celle qui lui échappe.

Au loin, elle perçoit, très assourdies, les cloches des pompiers, on voit la fumée d'un incendie monter en folles arabesques au-dessus de la ville, masquant les étoiles.

Du temps où Uranie n'était pas malade, ses tantes, elles, recevaient beaucoup. C'était un brouhaha léger ou passionné (surtout si on défendait la langue des lettrés, la *katharevoussa*, contre la *démotique*, celle du peuple : le débat se politisait alors et devenait enragé), sous la lumière bleutée des suspensions, au-dessus d'une épaisse table en bois d'olivier. Les chignons ployaient un peu sur les nuques. Les hommes lisaient leurs poèmes, leurs pièces, fumaient le cigare, l'été on sirotait un jus de cerises épais comme du caramel, on grignotait les pâtisseries poudrées de sucre glace, personne ne voyait la poussière sur les meubles. Nikos chantait avec son bouzouki d'entraînantes rengaines, tante Hélène militait pour l'éducation des filles, Marie-Eugénie enfant s'endormait dans cette rumeur, Claire blottie contre elle. Certains soirs, les esprits venaient frapper le guéridon vénitien d'Uranie ; une fois, l'un deux pinça même une corde de la guitare accrochée dans l'entrée, où trônait l'Achille de bronze, qu'avait sculpté Nikos, la bouche éternellement vociférante exhortant les visiteurs de tante Matta et d'Uranie au combat… Tante Uranie est morte. Elle-même est au loin, Matta reste seule… Claire devenue maintenant sculpteur… Qu'est-ce qui reste ? Des images incomplètes, des impressions fugaces, des parfums troublants, des saveurs, des blessures tenaces, des émois sans mots…

Elle s'étend sur le sofa de leur salon, le vent fait craquer les branches des arbres de l'allée, les pages du journal bruissent, le cheval du prince russe hennit, Diogène respire calmement, les cloches des pompiers tintent encore longtemps. Elle savoure cette paix. London ne va pas tarder. C'est comme si on vivait plusieurs vies dans une vie… Mais qu'est-ce qui reste ? Rien de continu, ce perpétuel recommencement des jours. Un kaléidoscope ondoyant, une mosaïque inachevée... que seule la camarde scellera. Elle s'endort.

– Tout a brûlé, tout... tout! L'incendie a tout détruit!

Marie-Eugénie se réveille en sursaut. La nuit est tombée et, comme accroché à ce qu'il vient de vivre sans pouvoir l'assimiler, noir de suie, London la secoue et répète : «Je n'ai rien pu sauver, rien... Tout a brûlé, tout... tout : les alcools, les tapis, les dentelles, tout!» Les cloches qu'elle entendait persistantes au loin, c'était pour eux. L'incendie de leur magasin... Il baisse la tête pour murmurer que l'assurance du comptoir est périmée depuis la veille. «J'allais payer demain...» Hébété, essoufflé, il reste devant elle, comme groggy après une bagarre.

Après plusieurs journées de vaines démarches, London s'accorde un billard pour calmer son anxiété. Le jeu oblige à être précis et vide la tête de toute préoccupation autre que celle du calcul des rebonds des trois boules. Il aime cette table verte qui l'isole de tout souci. Le bar bourdonne, Abdallah sourit sans comprendre, les yeux vides, au discours d'un Anglais éméché, vainqueur du rallye

Renault. La beauté sans intelligence : double et glaçante énigme. Des habitués trinquent à une nouvelle association où il est fortement question de pépites qu'on trouvera à foison au fond du Nil bleu… Sous la lampe, London joue mécaniquement. Ses pensées le taraudent et la détente qu'il espérait le fuit ; il réfléchit tout en jouant avec le prince Michel qui, au fait des ennuis de London, pour une fois se tait. Les commandes du Palais, si elles constituent une source de bénéfices à venir, ne sont pas une garantie suffisante pour le banquier (« Tout de même, monsieur London, quelle négligence ! Vous auriez dû renouveler à temps votre assurance. Nous regrettons… » Le même geste de la main que Petros pour écarter sa requête, mais c'est un Anglais, aussi le geste se fait-il plus coupant). Alors qui ?

Son frère Évangéli ? disparu d'Addis depuis plusieurs semaines sans avoir rien dit à quiconque. Les cousins ? impensable ! Ils n'ont pas digéré le procès du cognac. Thémistocle ? c'est vrai que son train de vie témoigne d'une fortune que son poste ne lui vaut pas, ça jase, mais Sabbras est si prétentieux qu'il lui fera cracher le sang pour son aide, pense-t-il en regardant le vice-consul finir sa bière. Alors qui ? Le père de Marie-Eugénie ? il a placé son argent dans des appartements à Kolonaki, le plus riche quartier d'Athènes. Pandora ? Iris ? leurs maris triment dur sur les rails, ce serait indécent. Kraus ? trop trouble pour qu'on puisse y songer. Le prince ? endetté. Collomb ? son biplan, avec lequel il s'est mis à sillonner les ciels d'Afrique, doit représenter toute sa fortune. London sait qu'il soigne gratis dans les villages. Alors qui ? Comment faire ? Et Marie-Eugénie qui flanche.

À la villa, en entendant les deux autres boys menacer de partir de crainte de ne pas être payés, Tassama déclare :

– Moi, je ne m'en vais pas. Il faut aider M. London à réparer son magasin. Tout redeviendra comme avant.

Et ils restent, subjugués par sa calme autorité.

Sans lui, la maisonnée irait à vau-l'eau. L'aile du désespoir s'appesantit sur Marie-Eugénie. L'abattement qui l'alanguit est imputé au choc de l'incendie, aux fatigues de sa maternité, mais, cet état se prolongeant, London se tourne vers Collomb. « Patience, beaucoup de patience », dit le médecin.

Patience d'un côté, fébrilité de l'autre. En proie à une euphorie de travaux, la capitale se démantèle en un vaste chantier bruyant : on asphalte les rues qu'empruntera le carrosse à six chevaux de l'empereur Hailé Sélassié. Une plaque à la mémoire du Français Mondon-Vidailhet, importateur des eucalyptus, est apposée en grande pompe sur un des poteaux tout neufs de l'électricité qu'on installe dans le centre-ville. À la villa, Tassama passe des heures à éteindre, allumer et éteindre sans fin. « Magique ! » répète-t-il avec une satisfaction qui énerve Marie-Eugénie. Mais London se sent exclu de cet élan, il ne sait que faire. Petros et Athanase l'évitent, et, s'ils le rencontrent, se gardent de toute question, de peur de devoir lui prêter de l'argent. L'amertume l'envahit quand il a fini par reconstituer les circonstances de l'incendie : un commerçant voisin, acculé à la faillite, a mis volontairement le feu à son magasin pour toucher la prime d'assurances, mais le sinistre s'est propagé. Il ne peut que vitupérer les forces malfaisantes qui s'abattent sur lui – mais pour lui seul, car Marie-Eugénie ne l'écoute pas.

Tassama a fait venir une jeune parente, Orkinech (« la Dorée », en éthiopien), pour s'occuper de Diogène, sans rémunération, disant à London : « Madame est trop fatiguée pour le bébé. Dites-lui qu'Orkinech a besoin de travail. »

Sa délicatesse va droit au cœur de London qui se sent moins inquiet de quitter la villa. Les préparatifs du couronnement agacent Marie-Eugénie. Tout bruit, toute agitation l'exaspèrent. Les tétées ne sont plus suffisantes pour Diogène qu'elle délaisse et confie avec soulagement aux soins d'Orkinech. A-t-elle un talent quelconque ? ne serait-ce qu'un brin ? Non, rien : on l'aurait déjà su. Tout recommencer ? Elle n'en a pas la force. Elle fixe London, comme s'il était un étranger, sans avoir la moindre envie de bouger. À Collomb elle se plaint, gémit qu'elle n'a jamais eu de place en ce monde. Que la malchance la poursuit. Elle use de cet ancien vocable français : le *guignon*… Cette fatigue, ce dégoût… Dormir, oublier, ne plus se réveiller. Peut-être plus que tout le reste, cette chevelure en désordre, ces tenues tachées, ces ongles sales, cette indifférence au bébé indiquent à London la profondeur de son absence.

Au coin d'une rue encombrée de muletiers, London heurte, tant il est préoccupé, l'orfèvre Lazare. Yeux rieurs, mains voletantes ornées d'un rubis, requinqué, la bedaine tressautante, il sautille d'excitation :

– Ah! enfin, je vous cours après depuis ce matin! Vous ne saviez pas? (Voyant le regard de London posé sur son rubis) : je me fais des couilles en or, si vous me passez l'expression! Pierres précieuses, émeraudes! Formidable, Dirédaoua!

Il fourre dans les poches de London des paquets de billets de banque, comme s'il lui rendait son mouchoir.

Interloqué par cette apparition, London fixe l'argent, puis Lazare avec incrédulité, et murmure :

– Mais je vous croyais partis en Grèce...

– Oh que non! Ce n'est pas pour demain, le retour à Salonique! jubile Lazare. Je n'ai pas eu le temps de vous prévenir... Aujourd'hui même, j'allais chez vous pour vous raconter tout ça. Mais avant, je suis passé à la banque, et quand cet Anglais terriblement coincé, ce Mr. Joyce – quel nom, avec cette tête de croque-mort! – m'a dit que... Alors, n'est-ce pas...

– Mais...

Les deux hommes s'entreregardent : London reste figé sans pouvoir proférer un mot et Lazare esquisse un sourire infiniment las. Mais il se ressaisit, et, volubile pour masquer son émotion, ajoute :

– Bon, j'ai convaincu notre banquier, mais oui, j'ai réussi… Ah! ce qu'il est coriace, l'Anglais, un vrai Écossais! Mais pas autant que moi!

London sourit lui aussi.

– Bon, c'est arrangé, il vous avancera ce qui est nécessaire.

Devant l'expression de son interlocuteur qui, bien qu'il ait compris, a encore du mal à croire à ses paroles, Lazare reprend :

– C'est arrangé : vous m'entendez? Vos ennuis sont terminés. Il vous attend. Juste retour des choses, hein? Ce qui vous arrive peut nous arriver…vous vous rappelez? Bon, je file à la gare, je dois rentrer ce soir à Dirédaoua, Rachel ne plaisante pas, jette-t-il avec une précipitation de façade.

Éberlué, London lui écrase la main en guise de remerciement. (Cette forte poignée de mains qui se prolonge, dit : « Sans vous, qu'est-ce qui nous serait arrivé? » Et l'autre, qui ne lâche pas cette étreinte : « Les affaires, ça va, ça vient, pour nous errants, moi juif de Salonique, vous de votre patelin oublié des dieux, avec pour seuls bagages notre sourire pour vendre, notre astuce pour compter, notre acharnement à vaincre la misère… Je n'ai pas oublié ce soir étoilé où j'avais perdu l'appétit. Allez, nous sommes parfaitement quittes. Tout est dit! »)

Ravigoté par sa rencontre avec Lazare, London se refuse le moindre repos tant que « tout n'est pas comme avant ». Les soins, les mots de Collomb ramènent lentement Marie-Eugénie à la lumière. Diogène réussit à la sortir de son état mélancolique une heure ou deux par jour. C'est peu, mais patience.

London s'épuise au marché indigène, mais sa détermination renverse le courant ; Iasou ne l'a pas laissé tomber, acceptant des délais pour les livraisons, payant d'avance. Des fidélités insoupçonnées de la part de fournisseurs dont il n'aurait jamais pu imaginer la sympathie l'ont également aidé à rétablir son commerce. Sans doute la bienveillance de Tafari à son égard a-t-elle favorisé cette sympathie. Qui sait ?

Cédant à l'insistance de London, Marie-Eugénie accepte d'assister au couronnement de Tafari.

– Ton goût de la royauté ! ironise-t-elle. Alors que nous sommes si démunis !

– C'est unique, on ne reverra plus jamais ça. Tu ne te rends pas compte qu'il s'agit de… Écoute plutôt : « “Le lion conquérant de la tribu de Juda, élu de Dieu, 225e descendant de la reine de Saba”, oint d’huile sainte comme David, décrété *Negest Esraël* comme Salomon, sera sacré par l’archiprêtre d’Aksoum, comme ses prédécesseurs, sous le nom de Hailé Sélassié… »

– Oh ! ces journalistes… Ce n’est pas ça qui nous sauvera, conclut-elle avec agressivité.

Dès avant l’aube, London, Marie-Eugénie et le prince Michel sont descendus à l’église, le couronnement commençant dès sept heures du matin. Les lampadaires de la rue principale sont restés allumés, et, dans cette lueur incertaine, la garde impériale calme l’ardeur de certains chefs de tribus et de diplomates égarés. Campements, mulets, hommes armés, soldats s’entassent en groupes désordonnés dans toutes les rues avoisinantes.

Des palissades ont été élevées en hâte pour cacher les quartiers pauvres aux hôtes étrangers : stratagème qui rappelle au prince Michel que le feld-maréchal Potemkine avait fait construire des décors de théâtre pour dissimuler les sordides villages à Catherine la Grande dans le voyage qu’elle entreprit pour mieux connaître son empire.

– Ah ! madame London ! Si vous saviez… Ma pauvre, ma sainte Russie ensanglantée, oh ce que j'ai envie de parler russe, de manger russe, de respirer russe ! geint-il tout en lui annonçant qu'il aura bientôt de très belles peaux de chevreau pour ses travaux de cuir repoussé.

– Oh, vous savez, en ce moment je n'ai pas très envie de…

Il ne l'écoute pas, envahi par ses lancinants souvenirs. Poli à l'excès, un peu ralenti mais inoffensif, la vodka dont il abuse dès le matin le fait légèrement tanguer. À la lueur des cierges qu'on allume peu à peu, les invités se succèdent. Enfin Tafari arrive.

– Si vous saviez comme Saint-Pétersbourg est une belle ville ! Aussi belle que Paris, parfaitement… Et ce Lénine… Des moujiks qui ont pris le pouvoir… J'ai tout perdu… Ah, c'était autre chose que ça ! jérémiade-t-il avec mépris. Ici, c'est vraiment rudimentaire. Si vous aviez vu nos bals, nos fêtes…

À la litanie des psaumes de David, des cantiques et des lectures de l'Écriture en guèze (langue morte de l'Église que nul ne comprend plus) se mêle pendant toute la journée le ronronnement de deux avions qui tournent au-dessus de l'immense tente aux pans de mousseline transparente, dressée le long de l'église Saint-Georges, où s'agitent sur leurs chaises dorées les dignitaires de l'empire, les gouverneurs des provinces, toute la hiérarchie religieuse, treize délégations étrangères et quelques têtes couronnées.

Le nouvel empereur reçoit les symboles de son pouvoir : les vêtements, l'épée, le sceptre, le globe, l'anneau, deux lances et la couronne. Défilé et inclinaison des dignitaires. Salves au-dehors, cris de liesse. Mais la cérémonie s'éternise, fastidieuse, avec le couronnement de l'impératrice et le serment de fidélité du prince héritier – « la prudence de Tafari a tout prévu », commente London à l'intention de Marie-Eugénie qui montre quelques signes de lassitude.

– N'avais-je pas raison, n'était-ce pas unique ? lui demande London. Elle hausse les épaules, insensible à ce décorum que Tafari a voulu très *british*.

Dans son carrosse, Hailé Sélassié parcourt les rues goudronnées de frais au sein de la foule chaleureuse. Le cortège, au battement sourd des tambours, fait défiler les chevaux caracolants, les voitures klaxonnantes. Au Palais, de grands *gebers*[1] où, par souci d'occidentalisation, on ne sert pas la viande crue taillée à même les carcasses sanglantes, se tiendront jusque tard dans la nuit.

1. *Geber* : festin.

– Macbeth rentre dans son palais ! persifle avec colère Thémistocle, au sein de la délégation grecque.

Zervos le toise d'un air contrarié, et l'exhorte à un peu plus de discrétion. Ce n'est ni le jour ni l'endroit pour de semblables remarques. Ostensiblement, Thémistocle va saluer ses amis italiens qui l'accueillent avec chaleur.

De cette cérémonie qui l'a ennuyée, Marie-Eugénie revient emplie d'une froideur agressive qui déroute London. Allongée tout habillée, boudeuse, elle est décidée à rester là toute sa vie, puisqu'elle vit sans exister ! finit-elle par lâcher. Elle étouffe dans un anonyme suintement du temps, elle n'a prise sur rien ; elle n'est rien d'autre que tout ce qu'on attend d'elle et qui n'est pas elle ; elle accuse son époux de négligence, d'égoïsme, de médiocrité ; que ne demande-t-il une aide à son cher empereur ? Elle le défie de tout changer, tout de suite, avec une hargne qui l'exaspère. Il aurait dû aller banqueter comme les autres ! Elle a vu tant de richesses déployées aujourd'hui qu'elle a la nausée de sa vie ordinaire. Pourquoi faut-il souffrir autant ? Tout lui est insupportable, lui semble artificiel, comme une mauvaise pièce de théâtre ; elle n'a pas d'autre avenir que des ennuis, que l'ennui. Dans ses griefs, il perçoit une sorte de force démesurée, d'ambition délirante, qui fausse son jugement, la rend étrangère à sa propre existence – et à leur couple. Quand elle parle, la bouche pincée, elle ne cesse de lisser ses cheveux roux, machinalement, en le dévisageant avec fixité. À tout cela il ne peut qu'opposer la gratitude qu'il éprouve de ne pas avoir été tué à la guerre, la grâce d'être en vie, la nécessité de lutter et d'espérer, la vitalité de Diogène, leur amour, la générosité de Lazare qui lui permet de redémarrer les affaires et d'être indépendant, la douceur de l'Éthiopie qui les accueille et qu'elle aime – qu'elle aime, n'est-ce pas ?

Il répète sans qu'elle l'entende. Devant son mutisme, cet air buté, cette certitude d'avoir raison, cette délectation dans ce qu'elle croit être son malheur, il se met en colère, la secoue rudement, la fait se lever, marcher dans le jardin, regarder la ville. Mais les mots sont inutiles, elle n'entend pas ; de nuit, fulminant contre sa bêtise d'enfant gâtée, il l'emmène à cheval à travers la capitale, loin du tumulte du couronnement, vers ces quartiers de cabanes désolées où gisent des vagabonds, et l'entraîne par des sentiers abrupts et caillouteux jusqu'à la léproserie. Il l'oblige à regarder par les interstices des palissades. Elle veut se détourner, mais il la maintient de force, et quand elle aperçoit Mlle Liv qui se penche vers un enfant très abîmé, alors son regard vert se met à briller, elle rougit puis éclate en sanglots et frappe avec une rage muette London qui la contient jusqu'à ce qu'elle s'essouffle, suffoque en pleurs, puis se mette à parler.

La fermeté de son mari, ce soir-là, et les premiers pas de Diogène la sortent enfin de son apathie.

9

– Bon sang, dans quel pétrin t'es-tu fourré ? s'inquiète London. Où étais-tu, depuis tout ce temps ?

– C'est une balle dans l'épaule, rien de grave, mais ici on ne sait jamais comment ça peut tourner. La gangrène, hein ? C'est pourquoi je t'ai fait venir. Assieds-toi, London, chuchote Évangéli, tout en sueur, allongé sur le lit de bois précieux. Le type a cru que j'avais triché : un Kouto du Yémen, je crois. Je lui ai sorti un carré de rois, il a très vite tiré, je n'ai pas eu le temps de…

Évangéli ferme et rouvre les yeux, haletant. Il ressent dans tout son corps les cahots de la route qu'il a dû faire, allongé sur une civière tirée par un cheval, puis dans un camion brinquebalant qui tressautait sur chaque pierre, le faisant gémir de douleur.

De frêles soieries orange pâle et vert amande tiennent lieu de moustiquaires à chaque coin du grand lit rempli de coussins. Sa canne repose sur le rebord de la fenêtre ouverte sur les hauts murs recouverts de rosiers grimpants et de vigne vierge, qui dissimulent l'intérieur de la villa à tout regard indiscret. On entend des perruches.

Sur le seuil de la chambre, une Éthiopienne dont la tunique épouse les lignes élancées s'est approchée ; elle tient dans ses bras un bébé d'environ un an.

– Viens plus près, lui demande-t-il. London, je voulais que tu saches… si je… enfin, avec cet accident idiot… si je… Je ne veux pas qu'elle se retrouve à la rue… Nous vivons cachés, ici, derrière ces murs… (ce « nous » entre en ouragan dans l'esprit de London). C'est mon fils.

Devant l'étonnement de son aîné, il poursuit :

– Qu'est-ce que nous pouvions faire d'autre ? Les Grecs ne comprennent rien à ce genre de choses et les Éthiopiens non plus… Toi, tu sais bien que ça n'arrive pas tous les jours… Alors, promets-moi de ne pas les abandonner si je…

– Fais venir un médecin. Collomb ?

– Non, non… personne ne doit savoir…

– Ou bien Zervos, il te..

– Non, non, surtout pas ! proteste-t-il, – mais brusquement il s'évanouit.

Zervos, averti par London, vient panser la blessure d'Évangéli et conseille de ne pas porter plainte. Inutile d'envenimer pour une peccadille les relations cordiales entre les deux communautés. Débarrassé de cette morgue qu'il opposait comme un bouclier au reste du monde, les traits creusés par la souffrance, son frère retrouve charme et douceur d'autrefois. La main de London presse la sienne. Bien sûr qu'il comprend… Il regarde l'Éthiopienne, l'enfant, son frère. La prudence d'Évangéli était sage, il en convient ; maintenant, ce ne sera pas facile pour eux !

Personne dans la communauté grecque ne veut croire à une aussi invraisemblable, si incroyable, si révoltante mésalliance. On s'insurge que l'Église ait pu accepter de les marier. Le beau pope fait face : les enfants de Dieu sont les mêmes au regard du Seigneur. Mais oui, elle est orthodoxe, comme eux. Très croyante, comme… certains d'entre eux ! ajoute-t-il avec une pointe de malice. Un mariage ! S'il s'était contenté de vivre avec cette indigène, on aurait fermé les yeux, mais se marier ! Quelle indécence ! Et ce petit métis, qui en voudra ? Ni les Grecs, ni les Éthiopiens... Quelle faute de goût ! Cet Évangéli, qui l'aurait cru, avec ses grands airs ! Petros et Athanase répètent à l'envi qu'ils avaient prédit que ce damné joueur finirait mal.

On critique London et Marie-Eugénie de les fréquenter, mais ils n'ont cure des préjugés de leurs compatriotes. Ils sont les seuls à recevoir le couple.

– Qu'est-ce que c'est ? demande London d'un air méfiant en tendant son assiette.

– C'est du *watt*, une fricassée de poulet arrosée de sauce berberi, du piment rouge fort. On peut y ajouter des œufs, explique Tassama en le servant.

Avec des mines de chat dégoûté, London considère le plat, le flaire, puis en déguste un infime morceau. Qui lui paraît comestible, puis bon. Il mange alors avec une franche satisfaction silencieuse. Marie-Eugénie apprécie aussi. Diogène insiste pour goûter, tousse : c'est bien trop épicé. Évangéli et sa femme se régalent. Tassama sourit ; aimer et partager la même nourriture rend plus proches que n'importe quelle parole.

La sereine maternité de l'Éthiopienne qu'elle ne réussit pas encore, malgré sa bonne volonté, à appeler sa belle-sœur, intrigue Marie-Eugénie quand elle songe à l'air perpétuellement contrarié des Grecques qui harcèlent leurs enfants de leurs cris anxieux : « Où est le petit ? que fait-il ? Attention, mon petit ! » Sous le masque de l'amour, des médées dévorantes cherchant à combler en elles un abyssal néant. Orkinech, la nourrice, porte sans se lasser Diogène à l'africaine, dans le dos. Ce constant et patient contact berce l'enfant, qui ne pleure quasiment pas. À la tétée, ils se contemplent avec une paisible satisfaction qu'elle jalouse. Brusquement, elle se rend compte combien elle s'est montrée si peu mère ces derniers temps…

Après le couronnement de Tafari, la surveillance s'est resserrée dans le Guebbi et sur tout le territoire. L'Éthiopie est en train de devenir un État moderne avec police et armée puissantes. Iasou sent que le temps des menus trafics est en train de finir. Plutôt que de risquer de se faire prendre, une nuit, il s'est décidé : sa démission donnée, ses livres anglaises en poche, satisfait d'échapper à cette ville qu'il n'a jamais aimée et à Myriam qui l'aurait enfoncé dans la banalité (elle a simplement montré son ventre avec un geste rond !), et puisque l'Amérique est encore trop chère, alors va pour l'Angleterre ! Il a bâclé ses adieux, promis à Kraus une carte postale, sitôt rendu à Londres.

Dès que le train quitte Addis et s'engage dans la descente du plateau, il se laisse aller à bavarder, exhibe son billet de bateau pour Marseille. Ses compères, qui n'ont jamais été plus loin que Dirédaoua, de s'ébaubir.

Arrivé à Djibouti, il se détend enfin : la pénible impression de sentir un œil invisible posé sur lui s'est dissipée, les sorties de nuit avec l'inquiétant Abdallah et la mauvaise affaire avec l'Italien s'effacent, les kilomètres le rassurent, tout est fini, il respire, libre, ouvert à cet avenir dont il a si longtemps rêvé. Dans un des meilleurs cafés, sur la place carrée, une belle Somali accroche son regard et Iasou, pris d'une ébriété sans alcool, entreprend de la séduire, ce qu'il n'aurait jamais osé faire en d'autres temps. Attaches délicates, simplicité, l'allure de la jeune femme est empreinte de noblesse. Elle porte un ensemble de lin blanc à l'occidentale. Ses cheveux en épaisse torsade sont retenus par un large peigne d'ivoire. D'autres hommes la convoitent sans s'aventurer à l'aborder. Aux galanteries de Iasou elle sourit, un peu timide, puis intéressée par tout ce qu'il lui conte, et se laisse inviter. Rempli d'audace, après quelques verres, il la convie à se promener avec lui, le long de la jetée, jusqu'à l'Escale ; après une légère hésitation, elle accepte. Ils laissent parler leur cœur, ravis de se dévorer des yeux. Une si mutuelle attirance : il ne cesse de s'étonner du hasard, du destin, de la bonté de Dieu. Iasou se fait pressant : ils ont si peu de temps avant son départ... Et la belle se laisse entraîner, quelque peu effarouchée, dans sa chambre d'hôtel. C'est comme un miracle de la toucher. Les heures passent, délicieuses. Quand elle s'endort, Iasou n'est plus du tout sûr d'avoir envie de prendre le bateau. Orphelin, l'aide des prêtres lui a permis de s'éduquer, mais dans un climat sans affection. Autant qu'il s'en souvienne, il a vécu en solitaire, contrarié par sa condition, toujours contraint, sur ses gardes. Pas d'amis. Son travail à la cour l'a confiné dans la méfiance : beaucoup d'intrigants, d'incompétents, de paresseux placés là par le fait du prince. La consolation de Myriam n'avait pas brisé ce sentiment d'isolement. Il ferme les yeux et dérive vers le lendemain, la traversée, Londres. Dans le fond, il n'aspire qu'à une vie décente dans la légalité, une femme aimante à ses côtés. Avec elle il se repose enfin. Déchiré, il la contemple, scrute ses traits, s'interroge sur elle dont il sait encore si peu, sauf qu'il ne pourra pas la quitter facilement. Il ne cesse de tourner et retourner l'idée de son départ et sa toute nouvelle envie de rester, puis, indécis, repousse sa décision au lendemain, il se colle contre elle et, plein de rêveries remplies de smog, de briques rouges, de rues luisantes où elle lui tient la main, finalement s'assoupit à son tour.

À l'aube, Iasou se réveille, mais elle n'est plus là. Il se lève, intrigué. Pourquoi le laisser seul ? n'avait-elle pas promis de l'accompagner jusqu'au bateau ? La méfiance le réveille tout à fait. Le visage fermé, les mains fébriles, Iasou se dirige vers la table. Son portefeuille ne contient plus que son billet de bateau et quelques livres anglaises ; sa pochette, cachée sous le matelas, a disparu. En raflant tout son argent, la belle Somali a laissé sa valise intacte. Il s'effondre sur le lit, ne sachant que faire. Entre la trahison de la fille et son larcin, il ne sait ce qui le désespère le plus. L'hôtelier jure qu'il ne l'a jamais vue auparavant. Iasou doit se rendre à l'évidence cuisante dont il assimile lentement les conséquences. D'elle, il ne sait pas grand-chose, sans doute lui a-t-elle d'ailleurs donné un faux nom. Elle a affirmé habiter hors de la ville, mais où ? L'hôtelier compatit, s'excuse. Il ment, c'est certain, peut-être même qu'il perçoit là-dessus un pourcentage. Iasou hésite. Les rues s'animent, il est encore tôt. Partir à sa recherche ? Elle doit être loin. Revenir à Addis ? Jamais.

Tenant son billet froissé d'une main, portant sa valise de l'autre, il tourne le dos à la gare et s'achemine lentement jusqu'au port. Pourtant rompu aux mascarades, il admet lentement que tout entre elle et lui n'a été que comédie. Le soleil se lève et la chaleur aussitôt suffoque. Il aurait dû se méfier, taire ses projets : une si belle femme, si vite conquise… Quelle garce ! Comme elle doit jubiler !

Des travailleurs somalis marchent vers les salines en traînant les pieds et le dépassent en le bousculant sans aménité. Iasou les insulte, ulcéré, mais ils haussent les épaules en s'esclaffant. Il se sent aussi démuni qu'eux. Humilié, blessé dans ce qu'il offrait de meilleur en lui, il s'approche du quai où le paquebot ronronne déjà. Il s'embarque. Mais comment fera-t-il avec si peu d'argent ? en arrivant à Marseille, comment rejoindra-t-il Londres ? Il fera comme avant : il trouvera bien une combine avec des Éthiopiens à bord du bateau… Tant de ruses, de privations, d'efforts, de risques… La guerre qui vient ne fera que compliquer ses démarches à Londres… Sombre et meurtri, il ne décolère pas, avec pour seul viatique ce serment qu'il se fait, tandis que le paquebot s'ébranle lentement vers la mer Rouge, de ne jamais revenir sur cette terre d'Afrique, qui, depuis sa naissance, comme une malédiction, le dépossède.

Après le mariage de ses sœurs, Alkisti s'est installé un atelier dans leur chambre. Ses toiles couvrent les murs ocre que Marie-Eugénie a tant détestés, les jours de pluie. Mais elle ne peut plus progresser seule ; elle réussit à convaincre ses parents de la laisser partir pour Athènes, afin d'y suivre des cours à l'École des beaux-arts. Elle habitera chez tante Matta. Alkisti a manœuvré avec beaucoup de ténacité en décourageant les rares jeunes gens qu'on lui présentait, en obtenant l'appui de tante Hélène, soucieuse de promotion féminine, à qui elle a fait parvenir ses carnets et quelques toiles. Comme une anguille, elle a évité le conflit ouvert avec sa mère, mais en laissant entendre que rien ni personne ne la détournerait de la peinture. La crainte qu'elle ne s'enfuie a décidé le père à accorder son autorisation.

Marie-Eugénie la regarde s'installer dans le wagon. L'allure un peu gauche et lente d'Alkisti s'est modifiée, sa contenance traduit une confiance, un allant – c'est comme si l'art lui procurait une certitude comparable à la foi. Son visage sans grâce rayonne. Alors qu'elle-même se débat dans un doute si lancinant qu'il la rend étrangère à tout… Se sentant obscurément trahie par ce désir d'Alkisti beaucoup plus fort qu'elle, la mère pleure, fait inhabituel. Le père la réconforte, convaincu du talent de sa cadette et conscient de sa volonté dissimulée sous des apparences dolentes : « La discipline est mère du succès », recommande-t-il à Alkisti en l'embrassant.

Adolescente, Marie-Eugénie s'était essayée à la sculpture chez Nikos et Hélène. Chaque fois qu'elle gravissait les douze marches qui la menaient à la haute porte gris pâle de l'atelier, tout près de l'Acropole, elle chantonnait : « Une pour chaque dieu, Chronos, Zeus, Apollon… » Sous les sarcasmes du maître, son oncle Nikos, les apprentis artistes levaient les yeux vers l'Acropole, implorant aide et délivrance, mais Athéna ne se souciait guère de leur désarroi. Marie-Eugénie saisissait la glaise à pleines mains, se salissant jusqu'aux sourcils, et appréciait le temps suspendu en voyant émerger de ses doigts des nus sans grand talent. Ce contentement fatigué lui suffisait. Puis Nikos forma Claire, sa propre fille, qui présentait, elle, des dispositions artistiques. Marie-Eugénie avait espacé ses leçons, puis cessé de sculpter et même de dessiner – à quoi bon ? Tante Hélène, la femme de Nikos, peintre de bonne facture, ne l'avait pas encouragée non plus à persévérer.

Alkisti, elle, a su retenir son attention. Parce qu'elle a du talent. C'est simple, évident et… injuste. Ce n'est pas jalousie, mais chagrin que de le constater. Ou bien est-elle trop sévère envers elle-même, comme le lui répète le docteur Collomb ? L'aspiration à la beauté tend Alkisti vers un effort de toute une vie… Que ne donnerait pas Marie-Eugénie pour être comme sa sœur ! Que ne donnerait-elle pas aussi pour revoir tante Matta !

Lorsque le train s'ébranle, et qu'Alkisti, souriante, s'efface, elle murmure, emplie d'amertume envers elle-même : « Dieu aveugle celui qu'il veut perdre. »

Une force obscure la tétanise. Par moments, une très ancienne douleur – Collomb lui apprend à nommer cet état – la fige dans un silencieux malaise. L'Éthiopie est un double exil : celui de l'enfance et celui d'elle-même, déclare-t-elle encore à Collomb qui lui rétorque que l'Éthiopie c'est sa vie ici et maintenant, et qu'il ne lui manque rien. Comme London, elle n'a nulle part où aller, réplique-t-elle. Diogène, London, ce sont ses deux ancres, mais ils exigent tant d'elle qu'elle doute d'avoir la force d'être à la hauteur.

« Faites votre devoir » ? L'injonction de Matta lui paraît écrasante. Insuffisante, aussi ; une sorte de parade contre tout ce marais d'émotions qui l'aspire comme une vase noirâtre, oppressante. Comment se défaire de cette ombre qui pèse sur elle, assombrissant tout et l'empêchant de se sentir vivante ? Collomb l'écoute. Un mauvais sort qu'on lui aurait jeté ? Il nie en riant : fadaises de paresseux ! Des décoctions fabriquées selon les conseils de « sorciers » la détendent : « Expérimentez. Tracez votre chemin. Ne vous accrochez pas au passé », l'encourage le médecin.

Vassili, l'enfant de la nouvelle voisine, devient l'inséparable ami de Diogène. Dans le jardin, autour d'un arbuste, London a fabriqué une grande cage pour retenir les oiseaux qui fascinent les garçons. Il s'amuse aussi à collectionner des verres de cristal de Bohême qu'il dispose dans un vaisselier acquis à cette fin.

Par hasard, le long d'une haie fleurie, alors que Marie-Eugénie cherche des pierres plates pour servir à un jeu avec Diogène, les larmes lui viennent soudain aux yeux. Tante Uranie morte, cette brûlure qu'elle a tant de mal à admettre… quelle vie celle-ci aura-t-elle eue ? Tout comme

Matta : le devoir? remplir tant bien que mal une *infigurable exigence*? La vie ne serait-elle qu'un enfermement contingent dans un corps, dans un sexe, un dérisoire bouclage dans un prénom, une loterie de circonstances, un ratage programmé, une série de contraintes permanentes, dont il ne reste que des regrets, quelques photos sépia, des lettres, une mosaïque délavée, fragments pâlis vite dispersés?... Uranie... Longuement elle sanglote sans trop savoir si c'est sur elle-même ou sur sa tante disparue.

Exigeant de London et de Diogène le dépassement qu'elle se sent frustrée d'accomplir elle-même, Marie-Eugénie deviendrait tyrannique si London ne s'opposait à son autorité, et les froissements entre eux se multiplient. Diogène y coupe moins facilement : le «Petit prince» doit exceller. Elle le surveille, le tance, le dirige : à l'aube, il fait des exercices de gymnastique suédoise, prend une douche froide («c'est pour ton bien», lui explique-t-elle tandis qu'il grelotte), et un copieux petit déjeuner. Bien avant six ans, elle lui a appris à lire et à calligraphier. Sa main puissante qui sait pousser le métal blanc, bosseler en relief le cuir, empoigne avec sûreté la menotte de son fils, qui plie sous cette discipline. Tassama, qui a profité des leçons de Diogène, s'est appliqué avec une concentration si intense qu'il a forcé son respect. Sa gratitude a éveillé en Marie-Eugénie la joie discrète d'être utile. Une Française très pulpeuse, Jacqueline, vient donner des cours de français et d'anglais qu'elle dispense sous forme de jeux et de comptines. Diogène veut se marier avec elle, et progresse de façon époustouflante. Suivant à la lettre les conseils du Dr Spock, Marie-Eugénie inflige chaque jour à son fils des lavements brûlants et lui fait ingurgiter de l'huile de ricin mêlée à du jus d'orange, qu'il aura par la suite en détestation.

Son fils unique sera son chef-d'œuvre, dont elle pourra s'enorgueillir à la face du monde. Elle use de poivre pour l'empêcher de dire des «vilains mots», le pique de petits coups d'aiguille lorsqu'il se tient mal à table. Brusquement, elle cède aussi bien à des accès de tendresse qui effraient Diogène.

Ses exigences pèsent sur le reste de la maisonnée. Orkinech ne fait jamais assez bien ce qu'elle doit faire pour le petit. Irritable, Marie-Eugénie commande sans ménagement les boys, afin qu'ils récurent la demeure jusqu'au moindre recoin.

La mère critique ses idées de grandeur – à ses yeux, l'Allemande exagère, et le père plaide pour plus de souplesse. Marie-Eugénie réplique qu'ils ont sans doute *oublié* qu'elle a été, grâce à eux, *bien éduquée* par ses tantes Matta et Uranie. « Quand l'ignorance est grande, elle tourne à la méchanceté », pense Marie-Eugénie en dévisageant sa mère qui continue de marmotter devant Diogène – ravi de se sentir soutenu – qu'un enfant a droit à davantage de jeux. C'est une étrangère qui, par hasard, lui a donné la vie, un fardeau dont elle se serait bien passée. Mais elle envie aussi sa dureté, son égoïsme, sa pensée bornée, qui vont de pair avec une vitalité sans creux.

London achète un petit sanglier qui se laisse chevaucher par Diogène, et lui apprend à faire la pâtée pour Zita et les neuf chiens. Le bouvier des Flandres est son préféré, doux comme une peluche, placide et affectueux.

Faute de mieux, Marie-Eugénie refait des masques de plumes et dispense à nouveau ses cours de danse aux enfants. Elle organise pour eux des fêtes dont elle s'ingénie à varier les costumes et les décors qu'elle fabrique en grande partie seule. Et quand elle présente des tableaux vivants – Athéna au royaume d'Olympe, ou La résistance des femmes de Zalongou –, ces minces événements deviennent des succès. Les félicitations des « dindes » qu'elle méprise depuis toujours sonnent très agréablement à ses oreilles.

Chaque mardi, c'est son jour. Le matin, elle installe Diogène sur un tabouret, dans la véranda. Il saisit chaque bessa enveloppée d'un minuscule morceau de papier (« L'argent est sale, des lépreux l'ont peut-être touché, il faut te protéger »), et donne la piécette aux petits mendiants, avertis de cette séance d'aumône sans qu'on sache comment. Des galettes leur sont distribuées.

Du Bon Marché (rue de Sèvres, Paris), elle a fait venir un mannequin élastique pour chapeaux. Elle en fabrique, s'inspirant des revues de mode. *L'Artisan pratique* (rue de Turbigo, Paris) lui a expédié un four et les outils pour ses émaux. L'après-midi du mardi, les dames viennent acheter chapeaux et émaux, et prendre le thé au salon. Parfois, une Éthiopienne de la cour lui commande une douzaine de couvre-chefs. Cet argent la rend joyeuse et fière.

Seule, sans escorte, elle fait ses emplettes au marché indigène où personne n'oserait importuner madame London. L'éthiopien, qu'elle parle couramment, l'aide à se débrouiller avec les manières autochtones. Lentement, elle finit par se sentir ici chez elle. Elle n'a plus besoin de Collomb, qui l'en félicite.

Peu à peu, Marie-Eugénie occupe une place à part parmi les Blancs d'Addis. L'estime pour elle est unanime. C'est la même chose qu'avant, et pourtant avec des différences. Dans la maison, on l'entend de nouveau chantonner. Aussi industrieuse que tante Matta à laquelle elle pense souvent, elle s'absorbe à dessiner, s'inspire des peintures murales éthiopiennes, sculpte de grands peignes en bois, pyrograve des icônes… Rachel avait raison : la vie est partout.

Son irréprochable sociabilité, ses créations de ballets, ses objets d'art lui valent le respect de cette communauté grecque, si prompte à dénigrer. Tout comme London, Marie-Eugénie réussit à sa façon à s'imposer. Oui, elle a trouvé son chemin.

Rassuré quant à l'équilibre de son épouse, London peut partir vagabonder comme autrefois vers le Sud-Est, en direction du Harar dont Marie-Eugénie lui a appris qu'y séjourna un poète français, Arthur Rimbaud, qui a écrit : « La vraie vie est absente… »

Pendant plusieurs jours, London chemine vers le Sud-Est, gravit des sentiers, redescend le long de forêts, galope dans l'herbe haute et fleurie, contourne d'énormes rochers ronds. Les pensées qui le traversent, fluides, se dissolvent peu à peu sans effort; il bâille d'aise sur son cheval qui prend plaisir à cette course dont il varie le rythme à son gré, London laissant faire, complice et confiant. L'aube ruisselle. Il jouit d'être là, de se sentir si vivant, palpitant, heureux. Loin de la communauté des hommes, il se déleste de son pragmatisme comme d'une écorce. Sous des arbres immenses, il s'assoit prudemment à cause des serpents, se rassasie de pain, de fromage, d'olives. L'enchevêtrement des racines sollicite ses méditations. Ce calme le comble. Zita paresse à ses pieds. La douleur d'une femelle singe dont il a tué le petit – tournant autour du petit cadavre, poussant des cris, le prenant sans comprendre dans ses bras, cherchant autour d'elle, ne trouvant rien, et gémissant – lui a ôté à tout jamais le goût de la chasse; il se contente des faisans, des palombes, et n'emporte plus que ses deux revolvers.

Il préfère d'ailleurs être seul. L'harmonie qu'il ressent lui inspire une religiosité baroque où esprits, dieux grecs, divinités africaines tissent les fils d'un univers dont il se sent une infime partie vibrant à l'unisson de toutes les autres. «Tout chante la gloire de Celui qui est»... *Philocalie* : amour et connaissance du langage de la Création... Cette sensation – familière des moines extatiques de l'orthodoxie et que le beau pope qualifierait de mystique – se laisse difficilement exprimer, les mots lui manquent... Depuis la mort d'Uranie et l'incendie, Marie-Eugénie ne reprend que lentement goût à la vie. C'est trop tôt pour lui faire partager cela. Mais il se promet de lui faire vivre un jour ces heures magiques. Il devient poreux, autre : homme-arbre, homme-rivière, homme-paysage, homme-animal, homme d'Afrique cheminant parmi les herbes sauvages, sorcier sans sortilèges, chaman sans adepte, libre, échappant à toute contingence, baigné dans un flux de vie multiple et souverain, où il se contente d'être. Il regrette de ne pouvoir traduire ce détachement éveillé et serein que cette terre étrangère sait lui prodiguer. Qui dira la patine d'éternité du scintillement des lacs ? son cœur éclaté par l'immensité de l'espace céleste épanoui très loin au-dessus de la cime des arbres ? les arabesques de la poussière ocre soulevée par les troupeaux d'antilopes ? la suavité féminine des collines, des vagues de la savane sous la brise ? la veille nocturne des sangliers sous la feuillée automnale ? qui dira le trottinement des scarabées d'or ? le froissement soyeux des bécasses lissant la nuit leurs plumes ? le chant amical des grillons ? la gifle rose des flamants apeurés s'envolant au-dessus du miroitement des eaux, le cri des pélicans ? le balancement poudré des caravanes ? le grondement des buffles à la course ? le chant fluet de l'enfant portant l'eau du torrent ? l'arc-en-ciel des chammas le long des sentiers ? la mélopée des femmes pilant ? qui verra l'éclosion des fleurs dans les menaces de guerre ? ô saisons africaines !

Dès qu'il en a le loisir, le père de Marie-Eugénie vient, emmenant et ramenant Diogène sur son cheval, tête nue sous le soleil ; il aime cet enfant vif, malingre et astucieux, qui pose sans arrêt des questions. Par-dessus les murs, comme si un magicien soulevait le dôme d'une cité interdite, Diogène lorgne les charmes de secrètes odalisques, l'intimité de patios inconnus. Il envie la liberté des petits Éthiopiens qui se caressent au beau milieu des champs sans souci d'être réprimandés, qui errent dans la ville, sans devoirs, sans gymnastique, sans huile de ricin. Au vu des manières parfaites de Diogène à table, sa grand-mère l'a surnommé « le Petit prince ».

– On veut faire de toi un monsieur… C'est bien son genre, à l'Allemande : elle se croit sortie de la cuisse de Jupiter ! Mais moi, je vais t'apprendre des choses bien plus amusantes : regarde !

À plus de soixante ans, cette femme acariâtre, dont la rudesse en impose au gamin, relève ses jupes pour grimper aux arbres du jardin, et lui attrape des nids d'oiseaux. Elle le gave de pâtisseries au miel qu'elle prépare à son intention, l'incite à se battre si on l'ennuie, lui farcit la tête de superstitions terrorisantes qu'il absorbe comme une éponge. Ou feuillette avec lui l'encyclopédie truffée de reproductions d'oiseaux et d'insectes, de planches anatomiques qui intriguent et passionnent le gosse.

– Pourquoi a-t-il fallu que nous ayons des Bavarois dans notre lignée de Grecs ? Franchement, ces cheveux-là, cette peau si laiteuse, ce n'est pas nous ! bougonne-t-elle, tout en lui essayant un chandail qu'elle a tricoté pour lui.

Diogène s'inquiète de cette réticence hargneuse qui le lance, perplexe, dans une interminable quête des origines.

Chaque soir, Myriam s'installe sous un arbre pour bavarder avec des voisines. Pour tous elle devient le symbole de l'attente têtue, désespérée. Au marché aux tissus, ses clientes l'importunent avec leur désir de paraître. Son regard cherche Iasou, elle croit l'apercevoir dans les rues, sa silhouette se profilant, puis disparaissant. Les nuits s'effilochent sans qu'il revienne, et l'idée qu'il a quitté la ville finit par s'imposer, aussi pesante qu'une montagne. Au Guebbi on lui a crié qu'il avait démissionné, tout en la chassant comme une mendiante. Un voisin lui propose du qat contre de l'amour. Mais une fois satisfait (elle, les yeux absents, le corps mou, la vulve rêche, et lui pressé d'en finir, son plaisir se révélant bien inférieur à celui qu'il avait escompté), il refuse de lui donner la drogue. Malgré sa frugalité, le manque d'argent la conduit à emprunter. On montre de l'indulgence pour elle. Le goût du qat est plus facile à comprendre que celui du malheur. Le voisin lui indique à contrecœur Kraus, qui cherche une aide.

Quand elle arrive devant le café-billard, une lutte dont elle entend les bruits assourdis paraît s'y dérouler. Soudain, un coup de feu déchire l'air. Elle s'accroupit en face et attend. Alerté, un homme passe en courant de la rue à l'arrière-cour encombrée de casiers de bouteilles vides, et cherche à pénétrer dans le bar fermé. C'est Évangéli, qui se recule avec vivacité, la main sur sa canne-épée, quand Abdallah, empêtré dans une djellaba rayée haut remontée sur ses jambes nues, s'enfuit sans le voir. À l'étage, Kraus gît par terre au milieu du désordre, saignant à la cuisse, le revolver à côté de lui, et gémit. Le baroudeur refuse d'appeler la police : « Ce n'est rien, je nettoyais mon arme. » Évangéli fait semblant de le croire. Dans la pénombre, il distingue des photos de leaders allemands en uniforme, le portrait ovale d'une femme sévère qui ressemble à Kraus, des croquis de Munich au fusain, un fatras de partitions, un Leica tout neuf, des priapes africains, du qat, des journaux épars sur le lit de soie mauve, des sangles de cuir. Il se demande si c'est la blessure ou la fuite de l'éphèbe qui secoue de sanglots secs l'épaisse carcasse de Kraus.

Myriam ose entrer et demande d'en bas, d'une voix faible, s'il y a du travail.

Quand Daiola sort de prison, il ne sait qu'apprécier la bonté d'un quotidien banal. Amaigri, barbu, il s'est lentement remis de l'épreuve. Pour fuir des détenus plus inquiétants que leurs gardiens, il a révélé ce qu'il savait des négociations secrètes anglo-italiennes. Afin de contenir les appétits coloniaux de Rome, l'activité diplomatique éthiopienne se fait frénétique. En vain. La perspective de l'avancée italienne remplit Daiola d'un farouche espoir de vengeance.

– La guerre approche…, pleurniche le prince Michel, fin soûl, mais toujours droit.

Planté sur ses jambes de cavalier précoce, les mains croisées sur sa poitrine, ouvrant de temps en temps les bras dans un geste éploré, le prince Michel monologue interminablement dans un sabir mâchouillé de russe, d'italien, de grec et de français : chaque coup de feu de la révolution, chaque isba brûlée, chaque tremblement argenté des bouleaux y passe, comme si son débit épousait l'infini de la steppe qu'il a parcourue durant l'hiver, sous une neige et un ciel aussi sales qu'indistincts. Il galope dans ses phrases entrecoupées de soupirs, où trébuche sa mélancolie, s'égare tout seul dans son salmigondis – mais qui lui aurait demandé de s'expliquer ? – au milieu duquel il tournoie, perd pied, menaçant d'y engloutir son interlocuteur. Pour enrayer cette déferlante mille fois entendue, Daiola réplique :

– Si nous avons la guerre, comme vous le craignez, vous pourrez vendre vos peaux à mes compatriotes dès qu'ils auront occupé la ville. Il y aura de l'argent à prendre : après des mois de campagne, nos soldats voudront dépenser leur solde…

Interloqué, le prince met un bref instant à se remettre, puis change de contenance :

– Le pays est si montagneux... Croyez-vous vraiment qu'ils réussiront à venir jusqu'ici?

– Je vous le promets! réplique l'Italien avec conviction.

Le prince sourit, et, clignant des yeux, prend congé :

– Enfin, s'il plaît à Dieu, nous ferons de bonnes affaires! lance-t-il, plein d'une brusque bonne humeur.

Son boy le suit, les bras chargés de bouteilles qui tintent le long des chemins.

Sous la véranda, à la lecture des journaux, London devient pensif :

– Le prince Michel a raison. La guerre arrive, affirme-t-il d'une voix altérée à Marie-Eugénie. Ça va de plus en plus mal : «*La présence de la commission anglo-éthiopienne, venue inspecter les pâturages du Haud, aux confins de Somaliland, a été considérée comme une "agression" par Rome qui s'est plaint à la Société des Nations en novembre 1934.*» Cette fois-ci, les Italiens ont leur prétexte pour envahir l'Éthiopie... On va construire des abris. Il est temps de graisser tous mes fusils!

Elle ne répond pas, occupée à broder un monogramme rouge «D» sur un fin mouchoir tandis que l'enfant sommeille sous la table, ses cheveux accrochant la lumière du couchant. London sait qu'elle a entendu : leur silence est plein des craintes à venir.

Le ciel pâlit comme un visage ému. Cette tendre transformation de la lumière l'incite à remercier le Très-Haut pour cette autre journée de paix accordée. La nuit dépose ses voiles noirs sur les maisons alentour, sur les eucalyptus, les champs, et, plus loin, les vallées, et sur le Sud-Est sauvage où il aime aller seul…

London replie ses journaux et se tait pour goûter cette paix, la bouleversante sérénité d'avant les catastrophes…

10

Tout paraît si vaste, fatigant à ses petites jambes de cinq ans qui trottinent pour s'accorder au pas de London, suivant une invisible piste dans ce labyrinthe du Palais gardé par des soldats cérémonieux. On les fait attendre un long moment et Diogène voit courir sur l'un des tapis une grosse fourmi se coltinant une graine.

– Tenez-vous bien, « Monsieur », et cessez de bouger, lui recommande une ultime fois London avec une sévérité glaçante.

« Monsieur » : quand son père utilise ce vocable, autant obéir illico. À un faible remous de l'air, Diogène sait qu'on vient les chercher.

Au bout d'une mer de tapis, l'empereur siège

sous un dais, entouré d'hommes en armes. London s'incline par trois fois. Diogène l'imite.

Il n'écoute rien, impressionné par l'air féroce des gardes et par leur bouclier en cuir d'hippopotame. D'impassibles colosses chez qui la force ne le cède en rien au dévouement à leur monarque. Prêts à tuer et à mourir pour lui.

Il court au-dehors, derrière l'empereur et son père. C'est l'heure du repas des lions.

Les fauves tournent en rond, nerveux. Leur crinière n'est pas noire comme il se l'était imaginé. Plusieurs gardes, équipés de piques, arrivent avec des brouettes remplies de quartiers de viande crue.

– Autrefois, celui qui tuait un lion devait faire preuve de beaucoup de courage et de ruse : car gare au vent qui les alerte ! On chassait à la lance. Maintenant, avec les armes à feu, c'est plus facile, disserte Hailé Sélassié.

– Oui, Majesté, articule prudemment Diogène, les yeux rivés sur son père.

– Regarde, petit, tu vas voir comme ils dévorent.

L'empereur leur tend au bout d'une pique des morceaux de carcasse.

– Dites-moi, London, s'enquiert-il ensuite en laissant faire les gardes et en l'entraînant plus loin dans les jardins, que pensent vos compatriotes de tous ces événements d'Espagne ?

Diogène s'approche pour mieux contempler le festin barbare. «Les lions ont des crocs et une allure formidables, estime-t-il. Vassili sera jaloux quand je lui raconterai ça. Tiens, les lionnes se servent après que les mâles ont détaché leur part… »

– La plupart sont monarchistes et donc pour Franco. Encore que certains – mais ils sont si peu en Éthiopie, alors qu'en Grèce le mouvement est beaucoup plus fort – certains prennent fait et cause pour les communistes…

– Les Russes ont bouleversé l'ordre du monde. Voyez : ça se répand comme une épidémie…

– En France aussi, ça va mal, les émeutes de février ont provo…

London parle sans crainte, car l'empereur attache plus de prix à la sincérité de ses opinions qu'à leur justesse. Pour l'exactitude, ses informateurs du Palais suffisent. En revanche, London sait qu'il est la voix officieuse des Grecs d'Éthiopie, cantonnés au commerce, sans arrière-pensées politiciennes. Au fil des audiences et des safaris, les deux hommes ont abordé de plus en plus librement toutes sortes de sujets. Mais, aujourd'hui, Tafari ne lâche pas la politique :

– Et les Italiens ? Que pense-t-on d'eux ? Je sais que Zervos nous est très attaché. Mais son équipe... Ce Sabbras en particulier...

– L'homme est assez désagréable, mais de là à dire qu'il est contre l'Éthiopie... Non, je ne crois pas que ses affinités avec quelques Italiens le portent à des agissements hostiles envers vous. Mais les opinions sur lui sont assez partagées...

Brusquement, London se retourne et aperçoit Diogène appuyé aux barreaux d'une cage.

– Mon Dieu ! Diogène ! recule-toi immédiatement, s'écrie-t-il en courant pour éloigner l'enfant. Tu ne vois pas que le lion pourrait passer sa patte entre les barreaux et t'arracher la tête ?

Bouleversé, London hésite une fraction de seconde entre la gifle et le baiser, mais son émotion est si forte que la gifle part la première. Diogène baisse ses yeux remplis de larmes. Quand son père se reprend et l'embrasse avec effusion, il se sent terrorisé à son tour par le risque qu'il a pris.

– Alors, jeune homme, aussi intrépide que votre père ? Mais pas aussi prudent ! London, voyez mon secrétaire pour le règlement de votre fête...

– Nous vous l'offrons, répond promptement London en broyant la menotte de Diogène.

– Ce que ne faisait pas votre prédécesseur... Soyez-en remercié, ainsi que vos compatriotes, dit Tafari. Gardes, raccompagnez ces messieurs. Diogène, prudence avec les lions, quand vous les chasserez… Malgré ce qui nous menace, ajoute Tafari l'air soucieux, tous mes vœux pour les fêtes de fin d'année… Au revoir, London.

À Aki, non loin d'Addis-Abeba, la traditionnelle journée d'agapes du Nouvel An, chez le richissime Lalsikos, un Grec d'Égypte, prend des allures de réunion politique. Sa superbe villa surplombe l'usine de fabrication de savon et d'huiles végétales qu'il a installée en utilisant le débit d'un gros torrent pour produire de l'électricité grâce à un judicieux système de canaux. Sur des plans d'eau en contrebas s'ébattent des colonies de canards, d'oies, de dindons qui font l'enchantement de Diogène et des autres enfants qui s'amusent à les poursuivre. Des orangers, des mandariniers à profusion tout alentour. Un jardin d'Éden ! Sous des vignes grimpantes aménagées en tonnelles, on festoie. Dès l'aube s'est répandue l'odeur des agneaux et des cochons de lait rôtis sur les broches en plein air. London a apporté la veille lièvres et perdrix qui ont été préparés pour accompagner le traditionnel ouzo.

Les *vassilopita*[1] ont été découpées par chaque famille selon la coutume : une part pour la Vierge, une pour le chef de famille, une pour son épouse, une pour la maison, les enfants… La fève découverte par l'un des convives en fait un chanceux pour toute la nouvelle année. Cette année, c'est Kostas le Strié qui la remporte : son visage ingrat s'éclaire d'une joie enfantine qui fait sourire les autres. Mais la guerre italo-éthiopienne inquiète les participants qui ne chantent ni ne dansent comme les fois précédentes.

– L'avancée italienne en Éthiopie et la guerre vont rendre l'approvisionnement difficile, autant s'y préparer, décrète Athanase (c'est-à-dire : se défendre durant l'inévitable période de pillages et de règlements de comptes, savoir cacher sa fortune convertie en livres-or à l'étranger, s'armer convenablement, préserver les stocks que l'on aura constitués…)

–… et il faut s'organiser (alors on pourra espérer de substantiels bénéfices, les soldats des deux camps ayant besoin de vêtements, d'alcool, d'équipements et d'accessoires de toutes sortes), poursuit Petros, suivant le fil des pensées de son frère.

1. *Vassilopita* : brioches à l'anis préparées pour la Saint-Basile.

– C’est une drôle de façon qu’ont les Italiens de faire la guerre, en employant des gaz, comme en 14 ! s’irrite London.

Certains, dont le vice-consul Thémistocle Sabbras, hésitent à croire à l’emploi de gaz chimiques par les Italiens. De la propagande…

Tant de mauvaise foi exaspère London :

– Vous n’avez qu’à faire le tour des hôpitaux d’Addis : des brûlures atroces, on ne peut pas retirer les vêtements, on enlève la peau avec…

– Tu exagères ! persifle Athanase.

– J’exagère… ? Qu’est-ce que tu crois ? que les Italiens font œuvre de philanthropie ? lui rétorque London.

– Si l’Éthiopie ne recelait pas de telles richesses, si elle n’occupait pas une telle position géopolitique, qui se soucierait de lui apporter la « civilisation » ? renchérit Évangéli avec ironie. La guerre c’est comme le jeu : tout dépend des cartes dont on dispose…

– Le Négus a tout à y gagner, n’est-ce pas, cher ami ? Regardez, rien que dans le domaine de la santé : ni hôpitaux, ni réseau de dispensaires, pas de vaccins…, intervient Lalsikos à l’intention de London.

– Laissons cela, voulez-vous, et revenons à la guerre et au Négus, qui vous apprécie, n’est-ce pas… qui est un ami, en quelque sorte ? contre-attaque Thémistocle en appuyant sur le terme « ami ».

– Oui… enfin comme un souverain peut se laisser approcher par le représentant d'une communauté, juste le temps d'une tasse de thé, lâche London avec agacement. Tout comme vous, dans les rencontres officielles. Tout comme Zervos, le consul…

– Un peu plus, allons, ne soyez pas si modeste… On sait qu'il vous invite souvent… et qu'il vous a donné toute autorisation de chasser sur ses terres autour d'Addis, n'est-ce pas ?

– Pure amabilité de sa part…

– Les Italiens ont raison : ce pays a besoin d'être aidé pour se développer, pontifie Lalsikos qui tient à ramener la conversation sur le terrain politique.

Évangéli bâille : ces discussions l'ennuient d'autant plus qu'il connaît bien les stratagèmes de Lalsikos, qu'il a fréquenté au Caire. Sa chance et son inventivité en affaires n'ont d'égales que son opportunisme à tous crins. Alors, la « civilisation »…

– Dans n'importe quelle guerre, il y a des victimes ! Voyons, qu'est-ce que représentent ces quelques milliers…, continue Lalsikos.

– Ces millions ! Vous…

– Admettons : ces millions de Noirs incultes par rapport à un État ordonné à l'européenne ? explique avec patience l'homme d'affaires.

– D'abord, ce ne sont pas des Noirs… et ils ne tuent personne, eux…, réplique London.

– Regardez en Libye…, coupe Sabbras. Le régime fasciste y a construit des routes, des bâtiments dignes de la Rome impériale. Tout de même, London, réfléchissez un peu…

– En plus, nous pourrons vivre comme les autres coloniaux, ajoute Petros d'un air finaud. Nous n'aurons plus à passer par les Éthiopiens : plus de taxes, ce sera tout bénéfice…

– Exact ! intervient Lalsikos. Et vous verrez alors l'essor du commerce… Ce sera foudroyant ! Il y a d'énormes bénéfices à faire, tout sera facilité…

– Mais vous ne pensez qu'à vous enrichir sans cesse davantage ! Ça ne vous embête pas, ces milliers de cadavres ? Ces gaz ? Ça ne vous fait rien, vraiment, hein, pourvu que ça rapporte ? Vous, des Grecs ! Pauvre Grèce ! s'insurge London.

Puis il se tait et les laisse se récrier tandis qu'il se tourne vers Marie-Eugénie, elle aussi écœurée par ce qu'elle entend.

Tout en sirotant son champagne, elle se demande pour la millième fois si ces Grecs d'Éthiopie ou d'ailleurs ont jamais lu un traître mot d'Aristote, s'ils se souviennent même d'Homère.

«Notre hellénisme? Les affaires comme religion, et la religion en lieu et place de politique, voilà tout, songe-t-elle en les voyant s'échauffer. Nous, berceau de la civilisation? inventeurs de la démocratie? sommet de la philosophie? »

Elle détaille cette tablée bucolique. Les femmes arborent leur grande tenue : blanc de rigueur, cheveux et jupes raccourcis, chapeaux et bijoux voyants de parvenues. Par ces temps menaçants, les «dindes» ne se préoccupent que de futilités, tandis que leurs époux comptent. À moins que sous le babil d'étourneaux ne se dissimule un immémorial savoir : par-delà la récurrence de ces sanglantes révolutions de l'Histoire, l'industrieux et modeste cycle des naissances, des travaux et des jours, finit toujours par l'emporter...

Les enfants courent sous les mandariniers, le temps clément parsème les alentours de mille pierreries de lumière. Dire que ce paradis va être détruit... Son cœur se serre.

– Que vient faire ici l'hellénisme? jette Athanase.

En jetant un regard navré sur eux, London, qui les condamne moralement en bloc, se borne à répéter :

– Pauvre Grèce…

« Pauvre Grèce ! rumine-t-il au diapason des pensées de son épouse. Des temples en ruines, des mythes pour universitaires, et à travers le monde un éparpillement de restaurateurs, de marins, de popes politiciens, de commerçants obtus, sans compter leurs grincheuses bovarys… Pauvre Grèce ! »

– Vous cherchez à nous culpabiliser ou quoi ? intervient sèchement Lalsikos. Vous m'étonnez, je vous croyais plus réaliste…

– Avec des types comme toi, on court aux ennuis… Tu perds tout sens commun… tu es dangereux, London, ton ami Tafari te monte la tête, ajoute Thémistocle Sabbras, avec une froideur menaçante. Il est passé au tutoiement agressif.

Malgré la virulente animosité qu'il perçoit, malgré les insinuations de Thémistocle, London s'obstine : plus que le Négus, c'est la terre éthiopienne qu'il défend, devenue pour lui au fil des ans une seconde patrie et pour laquelle il craint ravages, colonisation imbécile, exploitation sauvage. Il s'insurge seul contre les bassesses qui ne vont pas manquer de se multiplier pour satisfaire les vainqueurs, et s'indigne des malheurs que vont subir les Éthiopiens vaincus. Le visage de

Tassama lui vient à l'esprit; ceux de Rachel et de Lazare, aussi : voilà les prochaines victimes de ce régime dont on connaît bien l'antisémitisme.

L'atmosphère devient si électrique que, sitôt le café bu, tous préfèrent se séparer, conscients que l'Histoire en marche va tous les projeter dans ses convulsions. Les intérêts, les convictions vont sceller les destins. Et, malgré le vernis de civilité qu'ils conservent en lui disant au revoir, ils ont déjà rejeté London hors de leur camp.

Étonné de les voir rentrer si tôt, Tassama s'empresse de leur faire une tisane. Le dégoût de London pour ses pairs, l'anxiété de Marie-Eugénie, la détermination de Tassama à s'engager dans la résistance les unissent dans le même sentiment de partager une veillée d'armes.

La crainte d'une nouvelle maternité rend l'intimité de London et Marie-Eugénie difficile. Des heurts se produisent; plus d'une fois, l'incompréhension, l'embarras, la frustration les peinent. L'humour leur est toutefois d'un grand secours. Malgré les rumeurs de guerre, le temps de chaque journée monte et reflue comme une marée scintillante. Pourtant la menace se fait de jour en jour plus pressante.

– Tu sais que les parents de Vassili ont commencé à creuser leur abri ? dit London.

Bien que Marie-Eugénie ait interdit à Diogène de « fréquenter » Vassili (dont elle trouve l'éducation relâchée, « Petit prince » oblige), le gamin désobéit.

London répond à l'interrogation muette de Marie-Eugénie.

– Mais oui, c'est Diogène qui me l'a dit. Ne sois pas si sévère, avec ce qui nous attend… tu ne vas tout de même pas lui mettre la boule à zéro, comme l'autre fois parce qu'il t'avait désobéi ? Je te l'interdis. Laisse-le plutôt jouer pendant qu'il le peut encore… Ne nous berçons pas d'illusions : les Italiens vont bombarder Addis.

En creusant son propre abri, aidé des boys et de Tassama, London songe à ces années de guerre qu'il a faites là-bas, dans les replis de la frontière gréco-bulgare – *un conte raconté par un idiot rempli de bruit et de fureur*. « La guerre approche » : avec ces mots-là surgit une bande de squelettes vêtus de houppelandes, voltigeant autour d'eux, descendus des hautes collines bleues, escortés de vautours tournoyants ; oui, dans ces mots-là il entend le fracas des maisons éventrées, le craquement des arbres abattus, le ruissellement des eaux charriant les cadavres, il entend les cris, les tirs, il voit les futurs amoncellements d'enfants tués en plein jeu, les soldats le long des routes, la terreur des civils encombrés par leurs maigres baluchons, fuyant vers quelque improbable camp de réfugiés... «La guerre approche» : l'hydre d'acier fumant va les saisir dans ses tenailles pour les broyer alors qu'il se sent si vivant avec cette femme aux yeux remplis de sombres pensées sous sa chevelure flamboyante, qu'il a tout reconstruit après l'incendie, que les affaires marchent, que l'enfant pétille d'intelligence... Il s'acharne avec sa pelle tout en y pensant, il rejette la terre sèche comme on éloigne les bêtes malfaisantes; méthodique, il creuse avec fureur... L'hydre d'acier, il connaît : toute cette splendeur sauvage sera mutilée, ravagée, ce pays sera dévasté, on l'éventrera, le pillera, le brûlera. Eux aussi seront peut-être tués. Pourquoi faut-il se retrouver ainsi ballottés par les appétits de quelques-uns qui décident dans le secret de leur cabinet la destruction de tout un peuple? Il se sent des brusqueries de mâle en danger, des sauvageries d'animal traqué, même s'il avait cru ne jamais devoir le refaire, il est à nouveau prêt : il tuera.

Depuis le couronnement, le bar ne désemplit pas. Pourtant, Kraus n'attache guère d'importance à cette fortune légitime qui croît sans peine. Iasou parti, Abdallah enfui, le trafic devrait être réorganisé, mais il se contente de triturer sa gourmette en or, d'un air pensif. Il regarde l'épais nuage gris qui s'avance au-dessus de la ville comme une main criminelle. La rue s'anime de quelques voitures, de piétons enturbannés, de mules. Décidément, son dîner n'a aucun goût et il se contente d'avaler un schnaps après l'autre. Myriam enlève son assiette et descend nettoyer la salle pour la soirée. Sa mine éplorée s'accorde à son propre désastre à lui, et elle se tait le plus souvent.

(Si elle se jetait devant la voiture de l'empereur pour le supplier de l'aider, peut-être qu'il pourrait faire revenir Iasou ? se demande Myriam. Le Négus écoute toujours les requêtes que son peuple lui adresse ainsi directement. Mais le sentiment d'avoir trahi les siens, la peur qu'on découvre que Iasou est un voleur, sa conviction d'être possédée par un méchant zar la retiennent. Jamais elle n'aurait dû quitter son village, même si elle n'y était que tolérée… Alors que dans son ventre pousse l'enfant de Iasou… « La ville te dit que tu n'es plus rien, Myriam », se répète-t-elle. Heureusement, Kraus ne la rudoie pas.)

Ce pays finira par l'avoir s'il ne se décide pas à réagir, mais tout n'est-il pas joué ? Le regard de

Kraus erre sur les croquis de Munich… Rentrer? Pour tenir un café dans une rue ombragée avec des buveurs de bière en short de cuir? Et périr d'ennui avec ces provinciaux rotants et proprets? Il est grillé là-bas… Avec ses amis maintenant au pouvoir, il pourrait certes arranger ça, se procurer de faux papiers, mais c'est risqué… Et rien ne dit que la politique de Hitler continuera sur sa lancée victorieuse… Il se méfie. Les nazis ont un côté un peu trop exalté pour que ça profite aux affaires… Avant, sans les Italiens, ça ne tournait pas si mal… Il se lève, sa cuisse le gêne, cette douleur scande à chaque pas son ridicule et lancinant chagrin. Rencontrer le regard d'Évangéli, assidu à sa table de poker, lui cause un déplaisir aussi cuisant que sa blessure. Rien dans l'attitude des habitués ne laisse deviner qu'Évangéli ait parlé. Mais comment savoir? Qu'est-ce qu'il sait au juste? Il a dû voir Abdallah s'enfuir. A-t-il deviné, pour les sangles de cuir? a-t-il remarqué les marques dans son dos? Après tout, ça ne concerne que lui, s'il aime ça. Ne pas rougir de soi, disait Nietzsche, voilà la seule vraie liberté. Cette incongrue réminiscence du collège lui arrache un demi-sourire. Et puis, tout indique que la guerre viendra tôt ou tard, jusqu'ici, à Addis-Abeba, alors autant rester. Dans le fond, il s'est bien habitué à l'Éthiopie… Des reporters américains sont arrivés pour photographier l'horreur. *A good business*… Il n'y a qu'à attendre… On dit les Italiens plutôt beaux…

11

Tant pis pour la punition, Diogène ne balance plus un instant, il ira jouer avec Vassili dans l'abri. Derrière la maison des London, les enfants ont du mal à dégager un passage dans le « toit » de la tranchée, fait d'une couche de sacs de sable recouvrant des troncs et des branches d'eucalyptus que London a sciés dans l'allée qui s'en trouve tout estropiée. Des poules s'en échappent, l'œil agité, frivolité de plumes ébouriffées, crête de guingois. Il fait chaud, ils parviennent à se glisser et descendent, tout saupoudrés de poussière. Du sable s'écoule lentement d'un sac mal cousu. Un rai de lumière laisse deviner la terre sèche, des cailloux, quelques insectes ; ses cheveux noirs perdus dans l'ombre, ne subsiste de Vassili qu'une sorte de masque blanchâtre qui inquiète Diogène. « Y a pas de rats, au moins ? ou de serpents ? » articule-t-il, peu rassuré. « Toi, tu restes dedans, déclare Vassili, et moi j' suis les Italiens. » Il ramasse des petits cailloux et en courant le long de la tranchée, en bombarde Diogène :

– *Viva la guerra, viva la guerra !* T'es mort, j' t'ai eu ! Attention les avions ! Et je passe et je repasse, et là, attention les gaz : *lipirite*, j' t'envoie *lipirite*, t'es mort, espèce de con, tu brûles ! Cours, imbécile, sors de la tranchée, t'as pas le choix : les balles ou les gaz ! Tu vas crever ! Ah, tu brûles, tu peux plus respirer, t'es mort, j'ai gagné !

Il hurle et danse autour du corps convulsé de Diogène qui retient son souffle et gémit lamentablement.

– Voyons, sortez de là ! crie Tassama. Voulez-vous venir ici ! Votre mère vous a interdit de... Enfants que vous êtes !

Il leur jette un regard chargé d'une peine qu'ils ne voient pas, mais il les laisse faire encore un bon moment.

Diogène est maintenant pilote de chasse et Vassili son ennemi juré. Les chiens jappent et gambadent pendant leur bousculade. Puis les gamins se lassent et s'assoient sur un tronc. Ils ont soif et rejoignent bientôt la cuisine où Tassama grommelle en plumant une poule pour le dîner, et ils se mettent à dessiner.

… Les états-majors se penchent sur d'immenses cartes – qu'ils ont sciemment trafiquées au détriment de la cartographie réelle – et marquent en gras **Settore Uolcai, Aksoum-Scire, Semien, Gondar, Settore Enderta e Mecconi,** et en rouge DIV. SABAUDE, TRUPPE DI OCCUPAZIONE.

Ce trait rouge ou noir signifie la décimation de lointaines tribus qui vivent dans leurs cases de pisé surmontées de toits de chaume, leur village entouré de totems sculptés dans les troncs des arbres, peints cérémoniellement de rouge, de blanc, de vert et de noir… Tribus tolérées tant qu'elles ne sortent pas des territoires que leurs ancêtres ont délimités à l'aide de huttes oblongues, le long de la savane que les guerriers nus parcouraient en courant, protégeant leurs femmes aux cheveux passés à l'argile rouge, vêtues de coquillages – guerriers armés de leurs peintures faciales et de leur seul courage d'hommes… Tribus KONSO… Mais qui se soucie de ces peuplades qui agonisent sous l'encre italienne ?

Partout, sur les cases de chaume, les abris, les toits de tôle des maisons, tôle si fine qu'elle ne protège de rien, les avions tirent ; arrêtés dans leurs attitudes quotidiennes, surpris par la mort, ils tombent sous les yeux incrédules et horrifiés de leurs proches, eux-mêmes victimes la seconde d'après – les survivants abandonnent et brûlent les hameaux. Des bandes de villageois faméliques, hagards, menaçants et terrorisés sillonnent les quartiers de la capitale en quête d'un refuge et de nourriture. Ils confirment que les Italiens emploient de l'ypérite qui fait coller les étoffes à la peau et brûle, et du phosphore qui asphyxie. Venue simultanément d'Érythrée et de Somalie, la « civilisation » décime tout sur son passage. Des pillages, des rixes éclatent dans les rues d'Addis-Abeba.

L'allée se vide de tous ses occupants, les boys ont disparu, Tassama s'est évaporé de nuit sans un mot. Le prince Michel s'est replié dans sa légation. En silence, London et Marie-Eugénie ferment leur maison, trop difficile à protéger des affamés, et, comme convenu, se réfugient à la villa des cousins Athanase et Petros. Ceux-ci ont entassé dans les caves les stocks de leur comptoir et ceux de London. Vaclav, le charcutier, les Évangéli, les parents de Marie-Eugénie, ceux du petit Vassili s'y trouvent déjà. On s'embrasse, anxieux. Tous ont apporté armes, vivres, couvertures pour tenir quelques jours, quelques semaines. Impavide, Mlle Liv leur installe une petite infirmerie pour le cas où, puis rejoint sa légation, devoir accompli. Collomb s'est envolé pour le Kenya.

London organise la défense. Il retrouve intacts ses réflexes de soldat. Sur les hauts murs de la villa, on incruste des tessons de bouteilles. Les fenêtres du rez-de-chaussée sont condamnées avec de la tôle ondulée calée par des sacs de sable, et l'on y découpe des meurtrières pour pouvoir tirer. Lorsqu'on lui donne des balles pour charger son fusil, le souvenir de l'enfant qu'il a tué accidentellement dans la combe revient à l'esprit du boy, qui hésite ; « mais aujourd'hui c'est la guerre », le tance Athanase, « tu dois te servir d'une arme et protéger les tiens. » Du haut de ses treize ans, le fils d'Athanase surveille Diogène et Vassili, surexcités.

Dehors, on entend des tirs, des cris. La fumée des incendies noircit le ciel, ça sent le brûlé. Ils ne savent rien si ce n'est que le danger se rapproche. Le lendemain, des pillards, des déserteurs essaient de défoncer la porte qui résiste grâce aux troncs d'arbres empilés derrière, qui remplissent le patio. Après cette alerte, l'inaction et la promiscuité pèsent à tous.

Dans ses Mémoires, le général Badoglio écrit :

« *Dès le soir du 4, l'avant-garde était dans le voisinage de la ville, laquelle, abandonnée par le Négus qui s'était enfui outre-mer, était en proie au saccage.* »

Petros perd et retrouve dix fois par jour ses lunettes. Marie-Eugénie observe le couple de Tchécoslovaques, ils sentent le saucisson à l'ail et parlent français avec un accent chantant. Leur bébé pleure souvent, tète le sein blême et flasque de la mère, appuyée sur le large torse de son époux, Vaclav, qui grogne dans son sommeil. Évangéli apprend à jouer au poker à Diogène ; sa femme reste assise par terre, un peu à l'écart, avec leur fils, toujours aussi calme et silencieuse. Fataliste ? Deux jours passent dans la même incertitude. La proximité du danger rend l'humeur de Marie-Eugénie paradoxalement plus légère. Sa mère se contente de faire des réussites en silence, Pandora et Iris n'ont pas donné de nouvelles de Dirédaoua. Le père s'agite pour se rendre utile, mais l'âge le rend aussi lent que maladroit.

La bille brille, opalescente en haut de la bouteille de limonade, et Diogène la convoite avec passion. Furtivement, il casse en tremblant le goulot de la première bouteille, puis une autre. Il sourit, les deux agates sont magnifiques : bleu et jaune, torsadées de gris, de rouge pâle. Un vrai trésor qu'il dissimule dans sa poche.

Plus tard, le larcin est découvert par Athanase. Le bellâtre lisse sa moustache de façon menaçante, fait mettre en rang les enfants devant lui, le long des troncs d'arbres qui encombrent le patio. L'air empeste la fumée des incendies qui ravagent Addis. Comme un adjudant mécontent de ses trouffions, il les dévisage un à un, les yeux furibonds. Qui a osé violer l'interdiction ?

– Qui a abîmé deux bouteilles de limonade alors que nous ne savons pas combien de temps nous devrons soutenir le siège ? Que celui qui a osé faire ça se dénonce.

Diogène le déteste de toute son âme et frémit quand son regard se pose sur lui. Le silence perdure. Alors Athanase menace :

– Qu'il se dénonce, sinon ses parents mourront dans les huit jours !

Jours passés dans l'attente d'une attaque ou d'une délivrance. Chacun fait le guet à son tour, de jour comme de nuit. Les hyènes rient, très proches. Diogène regarde son père, sa mère, s'approche, l'aveu aux lèvres, la honte l'étouffe, il sursaute dès qu'Athanase lui adresse la parole, sûr d'avoir été percé à jour, mais, caressant ses deux billes, ne peut se dénoncer, et plus il tarde, plus l'aveu semble impossible. Il sent les regards des grandes personnes rivés sur lui. Son ardeur à prier le soir étonne Marie-Eugénie qui l'impute à la peur diffuse et à l'attente. L'eau, la limonade sont mesurées, les conserves vite épuisées, l'entrepôt vidé. Il faut tenter cette nuit une sortie pour se ravitailler. Vaclav a, dans la ville haute, un stock de saucisses et de jambons.

London et Évangéli accompagnent Vaclav. Sous la lune, les cadavres jonchent les rues, des soldats éthiopiens dorment assis, le front contre leur arme, sous les arbres. Des groupes d'enfants blessés sont lovés n'importe où. Au loin, dans la ville basse, d'âcres fumées s'élèvent au-dessus des toucouls. Le quartier blanc brûle aussi, et dans le centre, qu'ils atteignent rapidement, les magasins ont été pillés, la vitrine du photographe de leur mariage est en miettes.

«*Le 5, ne fût-ce que pour accéder aux prières que les légations étrangères, impuissantes devant la ruine de la ville et gravement en danger elles-mêmes, adressaient avec insistance au gouvernement italien de hâter notre intervention, j'imposai à tous un nouvel effort…*»

Protégé par un solide rideau de fer, la charcuterie du Tchèque n'a pas été touchée. Ils récupèrent les saucisses et le jambon au fond des tonneaux qui fleurent bon le temps des ripailles. «“Ci-gisent de courageux civils qui périrent pour une saucisse...” quelle épitaphe, si jamais ça tourne mal!» songe London avec un sourire amer. Des tireurs isolés, cachés et mobiles, sèment la panique parmi les rares passants. Des nuages diaphanes ternissent légèrement la lune. Saint Georges ne terrasse plus rien sur son vitrail éclaté, c'est le monstre, en revanche, qui a transpercé la toiture : dans l'église béante, à ciel ouvert, dorment des silhouettes blotties contre l'autel. Le beau pope gît, transpercé de balles qui l'ont rendu à Dieu. Évangéli interroge :

– Tu entends? On dirait qu'il y a de la musique, quelque part. Un opéra... en italien : ça vient de chez Kraus...

Kraus ne se sent-il pas menacé? Ou, sûr de la victoire des Italiens, il les fête déjà à sa façon? À moins qu'il ne soit complètement ivre.

Ils rentrent à leur forteresse aussi vite qu'ils peuvent, ombres agiles parmi cette ville fantôme. London remarque un cadavre éthiopien dont les doigts ont été coupés : sans doute l'homme portait-il des bagues. Tout le monde dévore avec appétit le butin, et ce pique-nique à la lueur des bougies, sur les couvertures, est plutôt joyeux. On fredonne un peu, les visages déformés par l'éclat des bougies et à moitié mangés par la nuit.

Presque à l'aube, des branches enflammées sont lancées dans le patio par-dessus les murs pour tout brûler, et les contraindre à sortir. Les femmes sont chargées d'éteindre ces débuts d'incendie avec des couvertures et des paillassons. On enferme les enfants dans la pièce du dessus. Ça se met à tirailler de tous les côtés. En bas, London poste les hommes derrière les meurtrières et ordonne :

– Pas de feu d'artifice ! Athanase, tu m'écoutes ? Nos munitions sont comptées. Vous tirez pour tuer.

Les enfants jubilent. Diogène arbore un sourire radieux, les huit jours sont passés : ses parents vivent, Athanase a donc menti. Il s'en doutait, mais récite une prière de remerciement. Surtout, on fait à présent la guerre pour de bon. Seuls les visages soucieux des adultes rendent le jeu bizarre. Ils se tassent sur eux-mêmes, on dirait même qu'ils ont rapetissé. Le ciel se couvre de nuages. L'attaque dure toute la matinée. La bande de pillards les harcèle, tente de franchir les hauts murs. Ils hurlent sur les tessons de bouteilles et redégringolent en sang du côté de la rue. Diogène se rend compte qu'il peut être atteint, aussi se serre-t-il contre sa mère qui prie en bougeant les lèvres sans qu'on entende un seul son. Son père est un héros, il les sauvera. Vaclav est légèrement blessé au bras. London ne compte plus les assaillants qu'il a touchés. Il recharge, tire, l'esprit vide, sans émotion. Du déjà vu. Petros sue de trouille, mais tire posément, les lunettes fixées par un élastique autour de sa nuque. Athanase jure tous les blasphèmes de son vaste répertoire. Pendant une courte accalmie, en début d'après-midi (pour manger ? se relayer ?), on entend faiblement, puis de plus en plus distinctement, maintenant que les tirs ont cessé, un bruit sourd et régulier accompagné d'une forte odeur d'essence.

« ... *et, trouvant toutes les troupes prêtes à l'accomplir, j'accélérai la marche de toutes les colonnes.* »

Dans la petite forteresse, on s'entreregarde. Du dehors, des cris, des applaudissements éclatent. Il se met à pleuvoir. Les assaillants ne reviennent pas. Que se passe-t-il ? Ruse ou abandon ? L'odeur d'essence imprègne l'atmosphère. Ils attendent encore une heure avant de sortir.

«*Aux premières heures de l'après-midi, j'atteignis l'avant-garde de la colonne motorisée et pris sa tête...* »

Le bourdonnement régulier des camions, assourdi par la pluie, investit Addis-Abeba tout l'après-midi et jusque tard dans la nuit «*Buon arrivato !*» crient des mioches faméliques en essayant de vendre du thé bouilli dans de grands bidons sur des feux incertains. « *Buon arrivato !* »

« *À 16 heures, j'entrai dans la ville d'où je communiquai au chef du gouvernement : "Aujourd'hui 5 mai 1935 à 16 heures, à la tête des troupes victorieuses, je suis rentré dans Addis-Abeba."* Signé : *Badoglio*. »

12

Une vieille photo de Mussolini, punaisée de travers au-dessus du gramophone, marque le changement. Le Duce salue de son balcon de Rome, avec un air d'imbécile heureux, une foule qui l'acclame. Certains joueurs réapparaissent comme si de rien n'était, rejetant la guerre et l'occupation italienne hors du carré vert des tables de jeu. En quelques jours, Kraus fait la connaissance d'officiers aux goûts aussi précis que lui, et l'on entend de nouveau Chopin, inlassablement. Une radio flambant neuve trône sur une des tables et chuinte un flot parasité de chansons et d'informations. Sa réserve d'alcools se vide à un train d'enfer. Myriam a disparu, il sert seul.

Cependant, une mélancolie le tenaille : Giacomo ne remplace pas dans son cœur Abdallah. *Natürlich*… La rumeur prétend qu'on a vu le Négus prendre le train, l'air désorienté, quelques jours avant la défaite.

Réfugiée dans un village sur la route de l'Ouest, chez une de ses clientes du marché qui l'accueille malgré une importante famille qu'elle nourrit seule, Myriam perd l'enfant qu'elle portait. Par manque d'hygiène, elle dépérit, en proie à une fièvre violente, et meurt après un coma de quelques heures. On l'enterre à côté du fœtus sous une tombe de pierres empilées, à l'extérieur du village de huttes de chaume. Son hôtesse récupère sa croix d'argent pour la vendre aux Italiens qui finiront bien par arriver jusqu'ici.

Dans « leur » allée, il faut enjamber plusieurs arbres calcinés. La maison des Vassili fume encore, celle du prince est en cendres. Il campe au jardin sous une tente, légèrement blessé, anormalement optimiste. À croire que les dangers encourus ces derniers jours l'ont ragaillardi, quand les London s'approchent de leur maison, il leur lance un joyeux bonjour. Une inconnue se tient près de lui. Marie-Eugénie ramasse sa robe claire de maternité sur les marches de l'escalier remplies de débris de vitres ; la porte bâille.

Dans le salon, la collection des verres gît en mille paillettes colorées, le vaisselier est béant, les matelas ont été éventrés, les montants de fer forgé de leur lit tordus, les armoires défaites, le linge lacéré. On s'est acharné à chercher partout de l'argent. Même les tringles de cuivre des rideaux ont été dévissées pour leur faire rendre un trésor imaginaire. Le silence les oppresse face au désastre de ce pillage.

– Nous sommes vivants, nous sommes vivants, répète machinalement Marie-Eugénie.

– Tout ce qui se remplace n'a pas de valeur, énonce London d'une voix blanche.

Ils se serrent l'un contre l'autre au milieu de cette mer de débris. London installe l'icône de sainte Marina et rallume une petite lampe à huile. À l'arrière, toutes les provisions de bouche ont disparu, des salissures maculent les murs, ça sent l'urine. Quelques poules ont survécu, frétillantes et idiotes autour de la carcasse de l'âne nettoyée par les hyènes. Plus de chevaux, Zita la chienne a été tuée, London commence par l'enterrer. Les autres chiens ont disparu ainsi que le sanglier. On a tiré sur la porte des cabinets. Dans l'abri, un essaim de guêpes bourdonne. Tout semble irréel : la maison dévastée, le ciel traversé de très hauts nuages, les traînées de fumée au loin sur la ville. Seuls les coups de marteau du prince percent le calme. Les roses se sont ouvertes dès les premières gouttes de pluie.

Du matin au soir, dans un état quasi obsessionnel, Marie-Eugénie règle de vieux comptes avec la malchance, le malheur. Chaque jour amène une désagréable petite surprise. La probable mort de Tassama est la seule vraie peine de London durant toute cette période. C'était un… il hésite, mais c'était bien ça… c'était un ami, sans doute le seul qu'il ait jamais eu. Il était resté… l'argent n'explique rien… Et ce plat de watt qu'il leur avait fait goûter, et cette connivence qu'ils avaient… sans beaucoup de paroles : des actes simples qui montraient sa finesse, son courage… et tant d'autres détails qui reviendront faire mal quand il s'y attendra le moins. Un homme fier et fiable. Mentalement, il prie pour cet ami et le recommande à sainte Marina.

On trie ce qui peut être sauvé, c'est-à-dire pas grand-chose. Les chemises brodées de tante Matta finissent en chiffons, le vaisselier bricolé tient à nouveau debout, mais demeure vide. Diogène regrette sa chèvre, son bouvier des Flandres si doux, et joue interminablement avec ses deux agates. La pluie ne cesse pas.

Au comptoir de son père, Diogène est embauché pour compter et faire des rouleaux de lires, mais il y en a tant qu'on les jette en vrac dans des coffres. Petros et Athanase ne remercient que du bout des lèvres London d'avoir sauvé leur stock, qui se vend au prix fort, des bienfaits armés de la « civilisation ». Les cousins brassent les lires à pleines mains, le cognac contrefait s'écoule en quelques jours. Les Italiens veulent tout, même les cuirs abîmés du prince Michel qui boit moins, et projette de mirifiques exportations. Lalsikos construit déjà une seconde usine. Évangéli a repris ses tournois. Diogène est devenu un roi de conte de fées, et la ville lui appartient ; les Italiens lui caressent la joue en partant.

London envisage d'installer à leur intention une cantine de ravitaillement, mais ne trouve ni bâtiment ni salle suffisamment vastes : tout a brûlé. Reste la solution des campagnes militaires : une très grande tente pourrait faire l'affaire.

Un matin, Marie-Eugénie et lui sont réveillés par des coups frappés à leur porte. Un revolver à la main, London va ouvrir. Dans la brume humide, empaqueté dans un manteau militaire, Tassama se tient là, souriant. Ils n'osent pas se donner l'accolade.

– Vous êtes vivant, Dieu soit loué ! Vous êtes là, entrez, oui ! s'exclame London.

– Monsieur London, je suis venu vous dire que je ne peux pas revenir chez vous tant que les Italiens sont là. C'est la guerre pour nous, nous ne laisserons pas notre pays à ces… sauvages, vous me comprenez ?… Mes amis m'attendent…

Son visage amaigri semble soucieux.

– Nous résisterons comme nous pourrons, mais je voulais que vous sachiez que je ne vous ai pas abandonné.

– Je craignais seulement que vous ayez été tué.

– Je dois repartir. Le jour se lève…

– Oui, c'est dangereux. Personne ne saura que vous êtes revenu.

– Mon réseau a décidé de s'éloigner d'Addis pour le moment, ajoute-t-il, et je ne sais pas quand…

Il s'excuse auprès de Marie-Eugénie de ce qu'elle ait eu à lui servir un café brûlant.

En le regardant marcher à longues enjambées sous la pluie, London a l'impression de le perdre une seconde fois. Comment cette résistance d'hommes aux pieds nus, mal entraînés, sans chef, pourra-t-elle vaincre ? À quel prix ? Des milliers de Tassama rendront-ils l'Éthiopie ingouvernable aux Italiens ? Ou périront-ils jusqu'au dernier dans ce combat ?

Tandis que l'Italie déclare l'Éthiopie *Africa Orientale Italiana*, London cherche – et trouve, chose incroyable dans cette ville mutilée ! – une tente de cirque abandonnée au début de la guerre dans le Palais, et qu'on lui cède pour une modique somme. Manque l'autorisation administrative des Italiens qui seront intéressés, il en est convaincu.

La légation italienne regorge de monde, on décroche des lustres, on transporte des cartons d'un étage à l'autre, des journalistes s'impatientent, des camions se garent, repartent. London aperçoit Daiola, occupé à prendre des notes au milieu de la cohue qui entoure un gradé, lequel leur fait des gestes d'apaisement. Daiola se contente d'un signe surexcité et hâtif de la main.

Des Éthiopiens attendent, assis par terre, menottes aux poignets, gardés par des soldats à l'air aussi abruti que leurs prisonniers par tout le remue-ménage : ça crie, on monte, ça descend, des ouvriers retapissent l'étage supérieur d'une étoffe rouge sang décorée de motifs géométriques blanc et vert foncé – bourdons noirauds sur un immense pétale de fleur de guerre. On essaie d'accrocher un grand portrait de Mussolini en uniforme.

La réponse tombe :

– *Non è possibile, asolumente impossibile.*

London demande pourquoi au fonctionnaire italien, un moustachu lourd, presque sans cou, tout de noir vêtu, qui ressemble à un tueur. Par la fenêtre, on voit les tentes des officiers, un jardinet d'où montent les accents d'une fanfare en répétition. Leurs regards se croisent pour de bon.

– *No è possibile, niente, niente, capasci ? E devo dirlei una cosa : per voi e la vostra famiglia è finito. Tutto è finito qui.*

Sa voix est d'une étonnante douceur ; le tueur doit savoir bien chanter.

– C'est fini, mais quoi ? qu'est-ce qui est fini ?

– *Siete indesirabile, la vostra attitudina ostile contro il regimo…* Vous devez quitter l'Éthiopie d'ici quarante-huit heures. *E chiaro ?*

– Mon attitude hostile ?

– *Perfetamente.* Inutile de discuter. Vous figurez sur notre liste. « Ami personnel du Négus ». (Puis sur un ton amène :) Il peut néanmoins s'agir d'une erreur… Si vous pouvez nous prouver votre bonne foi en nommant un ou plusieurs compatriotes que vous savez hostiles à notre régime, dans ce cas, n'est-ce pas…

– Si je dénonçais ?

– Pas de grands mots ! Non, juste quelques noms… et nous pourrions reconsidérer votre cas.

London le regarde et lâche simplement :

– Non.

– Alors, puisque vous vous entêtez, partez donc comme Tafari en Angleterre. Voici votre laissez-passer d'exilé politique. Vous prendrez le train, après-demain.

– Mais c'est absurde ! si vite ?

– Soyez content d'éviter la prison, tranche-t-il en le chassant d'une main large. Allez, *sono molto occupato*.

Le général victorieux arrive en courant, suivi de ses aides de camp. Les journalistes s'agglutinent sur l'escalier, accrochés à lui comme des guêpes. De la poche de l'un deux, London voit dépasser la couverture de *Life* avec la photo des pieds nus et craquelés d'un soldat éthiopien mort. Le monde n'a cure de l'Éthiopie conquise par les Italiens. Juste une photo. Le gradé draine la grappe humaine dans le jardin et se juche sur une petite estrade pour répondre aux questions. La fanfare joue. De la fenêtre, l'homme sans cou hoche la tête, puis se rassoit et biffe sur sa liste, établie par son ami et indicateur Thémistocle Sabbras, le nom de London. Il lui a aussi vendu le code des messages cryptés du Consulat grec. Il soupire de satisfaction : aucun souci à se faire du côté des Grecs.

Tel un esquif regagnant malgré la tempête et le brouillard le littoral invisible, London peine pour rentrer chez lui… combien de fois ne les a-t-il parcourues, ces rues, d'humeur badine ou chagrine, regardant sans voir ? Si seulement il s'était fait photographier, sur son cheval, sur cette route-là, en une sorte de portrait-paysage ? Mais l'envie ne l'avait pas effleuré, tant il se sentait enraciné ici. Il craint à présent d'être assassiné comme espion et surveille le haut des palissades, les maisons qui ont tenu le coup, la cime des arbres feuillus ; mais, dans le désordre, nul ne se soucie de le liquider. Il faudra demander à ses cousins de s'occuper de son magasin, leur céder le stock, se faire envoyer l'argent à Djibouti. Quels bagages seront autorisés ? Ils iront chez Christos. Les idées en lui bouillonnent, se chevauchent. Quarante-huit heures pour tout organiser ! Sa paupière gauche tressaute, incontrôlable. Ses mains lui paraissent détachées de lui, énormes et lourdes ; elles tiennent les rênes du cheval, agissent en dehors de lui. Son ombre même se dissocie de lui. Il se retourne : personne ne le suit.

Enfin il atteint la villa de ses cousins. Tout l'écrase, s'altère subitement. Alors qu'il descend de son cheval, l'œil brun profond de la bête lui paraît fou.

La nomination de Thémistocle à son poste de consul est fêtée avec faste. Mlle Artémis arbore une rivière de diamants jaunes qui illumine sa sobre tenue noire de chez Chanel. Zervos fait ses adieux avec une pointe de mélancolie : il rentre en Grèce profiter de sa retraite alors que tant de souvenirs le retiennent ici… Les cousins frétillent au milieu du corps diplomatique au complet. Quand London annonce son exil, Thémistocle prend un air gouailleur pour lancer d'une voix forte :

– Alors, on s'est trompé de camp ?

Sous ce coup, ses entrailles se tordent. Thémistocle serait-il à la botte des fascistes ? Il avait affirmé le contraire à Tafari. Aurait-il été trompé ? Le nouveau consul serait-il pour quelque chose dans son bannissement ? Car on l'a dénoncé aux Italiens, c'est sûr, le « tueur » avait une liste.

Les portes sont grandes ouvertes sur la petite cour où l'on s'est battu, il y a moins d'un mois, où les femmes ont éteint le feu avec les paillassons. La matrone d'Athanase se pavane en racontant l'attaque. Petros le regarde avec commisération : à trop fréquenter la cour, les safaris, le Négus, voilà ce qui finit par arriver… Oui, évidemment, on s'occupera de ta maison, de tes affaires. On te dédommagera. Athanase jubile, il va reprendre le projet de cantine, récupérera le stock de London et tout l'argent qu'ils ont été obligés de lui céder à l'issue du procès – « sa part » va leur revenir ! Dieu est bon !

– On fera les comptes… Tiens, tiens, les comptes ! fait Petros en jetant un regard ironique par-dessus ses lunettes rondes, on y revient toujours… C'est entendu, on calculera au mieux !

– Diogène, rentrons.

Silencieux, l'enfant se laisse bercer par le pas du cheval. Sur un étalon de feu, il survole la ville, file comme un tourbillon au ras de l'horizon bleuté, devient roi des vents d'Addis, domine les montagnes, franchit la mer et rencontre une princesse qui ressemble à Orkinech, sa douce nourrice, dans un éden parfumé, fleur d'ennui doucement bercée, qu'il réveille…

London ne sait comment il va soutenir le regard de Marie-Eugénie. Il voudrait graver dans sa mémoire le détail des toits, des arbres, des cailloux… mais cette mémoire volontaire peine à retenir quoi que ce soit.

Devant sa mine défaite, elle l'interroge des yeux. Elle le voit épuisé, la paupière agitée.

– L'affaire de la tente ne s'est pas réglée ?

Blême, gêné, il articule avec peine :

– Non, c'est pire…

Là, ça le submerge d'un coup. Il la serre violemment dans ses bras, murmure :

– Marie-Eugénie, je t'aime, tu sais comme je t'aime…

Il caresse ses longs cheveux roux.

Ce « pire », c'est quoi ?

Le mot, la phrase qui les bannit, elle met un long moment à l'entendre vraiment. Elle a renoué de façon plus serrée ses cheveux, arrêté le phono, s'est assise, relevée, a regardé tout autour d'elle. Elle veut avoir encore sous les yeux ce ciel-là, entendre le frémissement des eucalyptus, elle veut vagabonder à cheval tout autour de la ville embrumée de fumées bleues, c'est là que leur enfant est né, elle veut cette maison abîmée par la guerre, elle veut vivre ici, c'est son pays, c'est là qu'elle a rencontré London, oui, c'est d'ici qu'elle est, sa vie « ici et maintenant », comme l'affirmait Collomb, et elle s'en remplit les yeux, sachant que c'est fini, que c'est perdu. Elle s'assoit près de lui, contre lui, et pleure.

13

Les papillons multicolores et les blattes géantes que Diogène aperçoit à l'étape d'Aouach l'étonnent. On n'a pas autorisé London à emporter son fusil de chasse de crainte qu'il n'aille se battre dans un réseau de résistance comme il s'en crée à partir de Djibouti et dans toute la nouvelle conquête de l'Impero. La valise en peau de Marie-Eugénie a été consolidée. Aux dix-sept «indésirables» à être montés ce jour-là, encombrés de leurs valises, dans le train de l'exil, la personne de Thémistocle apparaît, quand ils recoupent toutes les informations, comme la cause commune de tous les départs.

« On n'exporte pas la civilisation avec de l'ypérite » – London est à peu près sûr que c'est une phrase comme celle-là qui l'a condamné. Mais telle est sa conviction, et il ne la reniera pas. Comme le Leonidas des Thermopyles, il ira jusqu'au bout.

Marie-Eugénie se tait : son mari ne saurait agir autrement. Ce n'est pas tant le régime de Tafari qu'il défend, qu'une idée de lui-même qu'il ne peut négocier. Tassama a pris les armes ; eux sont exilés. Elle accepte : n'a-t-elle pas, dans un de ses spectacles, honoré la mémoire des femmes grecques qui ont préféré se jeter dans l'abîme de Zalongou plutôt que de subir le déshonneur du viol des Turcs ? Mais comme cette réalité rugueuse apparaît étrangère aux récits héroïques de son enfance… Ils n'ont plus rien.

En descendant vers Dirédaoua, Diogène aperçoit, le long du lac, des milliers d'oiseaux qui s'envolent au passage de la locomotive. Un lion et des dizaines de singes se balançant dans les arbres l'émerveillent. Il compte les autruches qui se mettent peu à peu à courir, effrayées par le bruit du convoi. C'est formidable de voyager ! déclare-t-il à son père. La montagne Meta-Hara l'impressionne, il se pose la question de savoir d'où un tel météore chu au beau milieu d'une plaine a bien pu provenir. L'évaporation du fleuve lui paraît aussi une manifestation de la puissance divine. Les motifs politiques qui chassent les dix-sept « indésirables » sont plus ou moins compris selon que ceux-ci sont antifascistes, démocrates ou simplement victimes de délateurs envieux. S'entrecroisent au long du voyage toutes les analyses, et Marie-Eugénie apprend que le monde des hommes et sa fureur finissent toujours par bouleverser celui des femmes. Jamais elle ne se serait imaginé devoir ainsi tout quitter du jour au lendemain. Jamais, dans le cocon si policé d'Athènes, elle n'aurait imaginé se retrouver un jour victime d'une décision émanant comme d'une force surnaturelle qui la précipite dans le dénuement, l'exil et la peur…

À Dirédaoua, ils rendent visite à Lazare dont la vitrine s'étend sur plus d'une dizaine de mètres, rutilante de pierreries et d'affichettes à nombreux zéros. Il attend, tapi au fond de son magasin ; son visage rondouillard s'épanouit quand il reconnaît London, mais se rembrunit quand il apprend son exil. Rachel le pousse à rentrer à Salonique : l'écriteau *À vendre* est prêt…, dit-il en le sortant du tiroir-caisse. L'antisémitisme s'affiche de jour en jour et Rachel est obsédée par les récits de pogroms de ses aïeux polonais. Son insouciance a fait place à une anxieuse gravité. « Nous sommes du peuple élu, mais, pour autant, je ne me sens aucune vocation à jouer les boucs émissaires de ces fanatiques », ajoute-t-elle. Conscients que c'est la dernière fois qu'ils se voient, les deux femmes s'embrassent, les hommes se donnent l'accolade en se recommandant à Dieu.

Dirédaoua, début juin 1935

Chère tante Matta,

Je vous écris de chez Pandora ; les Italiens nous ont expulsés d'Addis. Je vous expliquerai. Addis a souffert de nombreux incendies. Notre maison aussi. Mes parents sont saufs, ainsi que les cousins de Leonidas chez qui nous nous sommes réfugiés le temps de l'invasion italienne. Chez Pandora et Basile, ce ne sont que disputes de plus en plus violentes, ils en viennent aux coups, et c'est pénible. Mais il y a pis : Iris a perdu complètement la tête et ne sait plus rien faire seule. Son mari Stavros a dû la mettre à l'hôpital. Il ne peut pas abandonner son travail de mécanicien. Personne ne sait la soigner. Elle ne m'a pas reconnue et ne parle plus. Cette déchéance est survenue en quinze jours à peine. Impressionnant !

Nous alerterons Collomb, si nous retrouvons sa trace, car avec la guerre tout est chamboulé. Espérons que cette lettre vous parviendra !

Diogène et London vous embrassent.

Votre affectionnée

Marie-Eugénie.

Chez Christos, à Djibouti, ils s'installent dans la chambre au grand ventilateur, aux persiennes closes en permanence, éclairée d'une ampoule nue. Malgré son apathie, sa boulimie, son indifférence, Christos continue de jouer dans leur vie un rôle providentiel. « *Mektoub* », répond-il en arabe à Marie-Eugénie qui le remercie. Le python, qui se love la plupart du temps sur une marche de l'escalier, terrorise Diogène quand il le rencontre dans le couloir, dressé pour s'acheminer en contorsions rapides vers la salle d'eau.

– Il a chaud, tu comprends, lui aussi a chaud, explique Christos en esquissant un bref sourire narquois.

Diogène a peur que le serpent ne vienne la nuit l'étouffer dans son lit. Il se réveille en nage, en réclamant Orkinech, « la Dorée », sa nourrice aux yeux de miel, dont la voix douce lui contait l'histoire de l'homme de si petite taille qu'il se cognait le menton sur les cailloux... Elle lui chantait «*Benenn, benenn, son cœur a dit benenn, benenn*», et se penchait pour l'embrasser. Il n'ose réveiller sa mère, et, dans la pénombre zébrée par le clair de lune, le «Petit prince» guette le moindre bruit.

L'argent tarde à arriver d'Addis, et London, exilé politique, se heurte à l'impossibilité de travailler. Pour ne pas peser exagérément sur Christos, ils décident que Marie-Eugénie et Diogène retourneront en Grèce, chez tante Hélène et Nikos, le sculpteur. Matta a déjà en effet la charge d'Alkisti. London ne peut trouver – et, encore, à un tarif exorbitant – qu'une cabine à bord d'un poussif cargo, le *Cosser*. On achète à Diogène un casque colonial blanc qui allonge sa silhouette malingre.

Le dernier soir, la valise en peau fermée, ils font une promenade jusqu'au phare, lentement, main dans la main, las et malheureux. Des milliers de crabes, de couteaux, de bernard-l'ermite crapahutent avec vivacité sur la plage de sable blanc devant Diogène : quelle aubaine, des jouets vivants!

Durant cette dernière nuit, le grand ventilateur comme un aigle bienfaisant agite ses ailes, caressant d'une faible brise leurs corps mêlés par l'amour et le chagrin sur le lit de bois noir recouvert d'un simple drap blanc à rayures bleues. Sucs, senteurs, humeurs de l'amour... Sa rousseur humide, douces cuisses lumineuses, peau soyeuse de son sexe mauve, sueur d'entre les seins, si peu de temps encore... Haletante, impétueuse comme jamais... Ils ne peuvent s'endormir. Les pales, dans leur inlassable ronde, les font tournoyer comme deux astres blêmes dans la nuit muette.

C'est leur première séparation. Avant de prendre la calèche pour rejoindre le port, Marie-Eugénie hésite à monter. London la regarde avec intensité : sa petite silhouette en gris, un brin épanouie après la naissance de Diogène, se tend vers lui, cherchant dans son visage anguleux un signe, un soutien. Compacte, ramassée sur elle-même, elle fait de grands efforts pour ne pas perdre contenance. Son visage a pris de la gravité, les chagrins ont laissé deux minuscules rides d'insatisfaction autour de sa bouche, qui disparaissent quand elle rit. Son chignon la vieillit. Diogène s'impatiente, soulagé d'échapper à l'intimité du python et ravi de prendre le bateau pour un si long voyage en tête à tête avec sa mère. Marie-Eugénie hésite, envahie par une appréhension irraisonnée. À l'ombre des arcades, Christos se recule jusqu'au seuil de son comptoir, tout en la saluant d'un geste mou de la main. Avec brusquerie, London l'aide à monter. Il fait mine de n'avoir pas remarqué cette anxiété qu'il partage en secret. Dans la ville désorganisée par l'afflux de réfugiés, sans ressources, sans amis et surtout sans elle, comment va-t-il refaire surface ? Combien de temps durera leur séparation ? Tiendra-t-elle le coup ? Quand pourra-t-il les faire revenir ?

Passé le détroit de Bab el-Mandeb, dès que Marie-Eugénie veut s'installer dans sa cabine, le capitaine s'excuse : il n'y en a pas de disponible. Il lui en donnera peut-être une à Port-Soudan. Face à cet homme huileux qui la gruge, qui la prive de cette cabine payée avec leur dernier argent, elle cède à une colère qui l'envahit tout entière, vivifiante.

Sur la mer Rouge, le boutre de Monfreid les suit durant une journée et disparaît vers la côte du Yémen, sèche et grège au soleil. Puis ce sont des paquebots réguliers, des navires de guerre français et italiens qui les croisent. L'étirement de la distance entre elle et London lui fait l'effet d'une sourde hémorragie, mais elle se gourmande. « Faites votre devoir » : elle doit tenir pour London, pour elle, pour eux trois.

– Maman, comment elle est, tante Hélène ? et Nikos ? Est-ce que j'irai à l'école ? Pourquoi est-ce que papa ne vient pas avec nous ? Maintenant que l'empereur est parti, qui donne à manger à ses lions ? Pourquoi est-il parti ? Dites, maman, pourquoi n'avons-nous pas de cabine ? Vous souriez, maman ? pourquoi ?

En attendant leur cabine, Marie-Eugénie dort sur les banquettes du bar, qui ferme vers onze heures. Sur le pont, c'est impossible : le vent souffle trop fort sur la mer Rouge. Grâce à la radio du bar, Diogène entend du jazz et la voix d'Armstrong lui donne des frissons de plaisir. Le bruit des vagues l'endort. On les déloge dès potron-minet pour le petit déjeuner des marins.

Pendant ces journées du retour vers Athènes, le visage de London, seul repère permanent dans tout le cours de sa vie, émerge sur les fondus enchaînés de ses souvenirs où les images se confondent à l'instar de ces grimoires où s'efface l'encre et où les mots deviennent peu à peu illisibles, recouverts par la main ambiguë de l'oubli. La séparation ravive toutes les autres pertes : le désamour de ses parents, la mort d'Uranie, l'incendie du comptoir, la guerre,

Addis en flammes, leur maison saccagée, la maladie d'Iris et jusqu'à l'espèce de mur opaque et brûlant contre lequel ils ont buté après la bousculade de l'exil. L'Histoire les malmène au gré de ses soubresauts, faibles corps souffrants, déplacés, alors que pour d'autres, c'est la prison, la torture ou la mort… Jamais elle ne s'est sentie aussi vulnérable, jamais non plus elle n'a senti aussi fortement qu'elle appartient à la cohorte anonyme des vaincus, des dépossédés. C'est là un sentiment nouveau, la fraternité, si étranger à son éducation de « princesse ». Sentiment fugitif, étonnant, fragile, mais bel et bien là, d'appartenance à une communauté sans âge, sans frontières, ni castes – elle comme eux, avec eux –, qui bouleverse sa vision du monde…

Elle se ressaisit. Maintenant elle est seule malgré Diogène, malgré l'amour. Souffrances, chagrins, changements : ce qui fait la vie est ce qui fait vivre.

Alors qu'avec London tout prenait formes, contours, densité, ce voyage est incolore. Elle égrène leur rencontre à la Meskal, leurs balades à cheval, les nuits où ils se tenaient murmurant dans l'ombre, leur tendresse ébahie devant le berceau de Diogène, les rires qui les prenaient face à cette clique prétentieuse, sa patience à lui quand elle avait été malade, sa persévérance à tout recommencer, et cette visite à la léproserie où tout avait basculé pour elle… Que n'a-t-il pas fallu pour qu'elle comprenne, pour qu'elle s'éveille enfin !…

Le canal de Suez s'étire en long filet bleu entre deux dunes grège. À Suez, Diogène ouvre de grands yeux face aux tours des illusionnistes : « Gala, j'avale un œuf et je sors deux poussins de mes mains… merci messieurs-dames ! » Sa joie déride quelque peu Marie-Eugénie. En nuée, les vendeurs de poufs, de colliers bleus égyptiens à plusieurs rangs, de scarabées, d'étoffes brillantes. Pendant l'escale à Ismaïlia, ils font une promenade sous les bougainvillées et les palmiers, mais London lui manque pour voir et goûter du même regard les douceurs de la ville. Elle expédie des lettres qui s'efforcent d'être sereines. À Port-Saïd, en face de l'hôtel, le bâton du personnage de Johnny Walker s'allume et s'éteint rapidement, donnant l'impression du mouvement ; Diogène a du mal à s'endormir, les yeux rivés sur l'enseigne.

– Maman, est-ce que nous allons bientôt revenir vers papa ?… Maman, est-ce que vous m'aimez ?

Alexandrie. Puis Athènes, enfin.

Tout en noir, avec son sempiternel col blanc, Matta l'attend sous une ombrelle de dentelles, dans le trafic poussiéreux du Pirée. Son opulence l'a quittée, rétrécie par les deuils et l'âge, mais elle se tient droite et son regard aimant est le même, empreint de malice bienveillante.

– Uranie aurait tant voulu te revoir ! glisse-t-elle en essuyant ses larmes.

Découvrant Diogène, pâle et roux comme Marie-Eugénie, elle sourit et lui caresse la tête :

– Quel jeune homme distingué !

Et Diogène se sent grand d'un seul coup.

– Alkisti n'est pas là, elle présente sa première exposition à Salonique…

Comme si les lieux se recollaient, l'Éthiopie reléguée dans un ailleurs rêvé, Marie-Eugénie retrouve Athènes, la porte d'Hadrien, le parc du Zappion, et la maison de Nikos au pied de l'Acropole, devant le théâtre d'Hérode. Tante Matta lui tient la main dans le taxi, sorte d'Ariane qui la fait passer d'un pays à l'autre, d'une vie à l'autre.

Le soleil chauffe la ville qui miroite sous une brume tiède, le Parthénon, ouvert aux quatre vents, éblouit de blancheur. Tandis que tante Hélène, en haut des escaliers, s'écrie : « Nikos ! les voilà ! Viens donc nous aider à porter les valises ! Entre Matta !

Ah! Marie-Eugénie, que tu as embelli! et quel beau petit, qu'il te ressemble… Viens, mon petit, regarde : j'ai préparé pour toi un joli paquet» – comme autrefois, Marie-Eugénie se met à gravir les douze marches tout en regardant le vieux quartier de Plaka qu'elle traversait naguère pour se rendre à ses cours de sculpture. Elle flânait sur le marbre usé des escaliers, serpentait entre les murets blanchis à la chaux, scrutait les volets bleu ciel derrière lesquels sommeillaient de pauvres vieilles, écartait de la main les ibiscus sauvages. Elle faisait halte pour savourer le silence. Le vent léger venu de la mer, l'étendue crayeuse de la ville descendant jusqu'au Pirée la dilataient de plaisir. Émue par ce souvenir, Marie-Eugénie s'immobilise un bref instant en haut des marches, et les vers d'une mémoire errante lui font monter les larmes aux yeux :

Tu sentiras quel goût de sel il a le pain d'autrui,
Combien dur […] à gravir est l'escalier d'autrui

Elle cherche des yeux son fantôme de jeune fille heureuse, arpentant avec nonchalance les dalles pluriséculaires de Plaka polies par des cohortes toutes livrées à leurs négoces, à leurs intrigues, à leurs prières. Et ces apprentis sculpteurs qui gémissaient sous les remarques de Nikos : où, maintenant? que sont-ils devenus? des artistes en butte à des images qui les harcèlent ? des intellectuels obnubilés par des idées qui les rongent, par ces mêmes systèmes qu'ils échafaudaient, exaltés, devant Nikos ? Tous semblaient hantés par les Anciens dont les âmes puissantes veillaient sur eux sous forme de bustes lézardés, d'inscriptions quasi illisibles dans un marbre effrité, mais assez présentes pour les guider dans cette perpétuation des rites de la connaissance et de l'art, d'une génération à l'autre, au gré d'une spirale d'efforts et d'aspirations qui les transportaient, les stimulaient, les initiaient, propulsant, à travers leurs personnes, l'humanité – ou une infime partie d'elle – à un autre niveau de conscience, malgré les rivalités, les pièges, les tracas d'argent, les ratages, les malentendus, les fourvoiements... Où étaient-ils, maintenant ? qu'est-ce que le temps, l'Histoire avaient fait d'eux ? Comme elle, bousculés, exilés, dépossédés ? Drames, succès, œuvres, épreuves, deuils ?

Elle regarde, mais ne voit rien : pas le moindre tremblé de sa silhouette d'antan. Évaporée ? Sous le soleil dru qui marque les arêtes des toits, les stries de la pierre, les découpes des feuilles, rien qu'un pur instant, un moment d'éternité, rien que ce mouvement qui dissout, dans la lumière aveuglante du jour, aussitôt le présent. Comme eux elle est devenue une autre.

14

Au-delà de la lumière aveuglante de Djibouti, un autre enfer... un enfer blanc, cette fois : sous un auvent de paille, amaigri et nu-pieds, London surveille les Somalis vêtus d'un simple short, le corps en sueur, éblouis par la réverbération du soleil sur le sel amoncelé en collines nacrées, au terme des longues marches des caravaniers sur les pistes du Sud, à travers la plaine désolée des Gadadé et le long du lac Assal où l'on peut périr englouti par les sables mouvants, à moins d'être tué et émasculé dans l'ombre torride d'un défilé de montagne par les Danakils en guerre contre les Issas, ombres noires armées de lances aiguës et de boucliers comme on en voit sur certains dessins naïfs africains.

Mais, ici, les Somalis manipulent pelles et sacs écrus, vagues silhouettes sans visage courbées sur une carte postale en noir et blanc intitulée : «*Le travail du sel, Djibouti, 1935*». Par plus de cinquante degrés, il leur faut pelleter pour remplir les sacs, les compter, les charger dans les wagonnets pour qu'ils puissent être embarqués sur les paquebots à destination de l'Inde ou du Japon.

– Vous ne tiendrez pas, il n'y a que ceux qui sont déjà habitués, mais ils en foutent le moins possible, lui a jeté le contremaître, puis, narquois, il a ajouté : Quand on est dans votre situation, c'est vrai qu'on ne peut pas faire le difficile…

Il ne reste plus que quelques wagonnets à remplir; la chaleur pèse sur l'auvent de paille comme un châtiment. Personne ne voulait faire travailler les réfugiés d'Éthiopie, Grecs bien sûr et Italiens fuyant leurs compatriotes fascistes qui les auraient obligés à se battre contre ce qu'ils considéraient comme leur pays, puisqu'ils y étaient nés, qu'ils en parlaient la langue, qu'ils l'aimaient depuis leur enfance… Leur groupe bourdonnant d'anxiété se traînait le long des cafés, Le Palmier en zinc ne désemplissait pas, ils discutaient interminablement sous les arcades de la place Ménélik, centre de tous les trafics légaux et illégaux de la Corne, mais nul ne leur proposait la moindre embauche et, jour après jour, leurs thalers se dévaluaient.

Le Somali vient sans se presser du fond de la saline, il grandit lentement sur la rétine de London qui le voit sans y prendre garde, l'esprit ailleurs… Ne pas être en mesure de travailler l'a miné encore plus depuis que Marie-Eugénie et le petit sont partis pour Athènes. Athanase et Petros ne montraient guère de zèle pour lui expédier son argent. Pourtant, Stravos faisait la ligne et cette chipie de Pandora aurait pu descendre de Dirédaoua jusqu'ici. Patience, patience…

Au bout de trois mois, il a trouvé aux salines ce contremaître français qui paie moitié prix – l'autre moitié étant bien entendu pour lui. London s'est senti dévoré par la soif, peu à peu vidé de toute son eau, de toute sa chair, les os saillants, son visage encore plus anguleux, l'âme creusée par la pensée de l'absente. Marie-Eugénie au loin, à l'abri chez tante Hélène, cette décision était raisonnable, mais qu'elle lui manquait !…

Il lui écrit chaque jour qu'il va bien, mais au-dedans ce n'est plus le même homme, ce n'est d'ailleurs même plus un homme, plutôt une idée fixe : sortir de cet enfer, sortir de là !… Épuisé par cette ouate suffocante, il a des insomnies qu'il passe à lui écrire fougueusement, comme il lui aurait fait l'amour, ou bien il s'écroule, masse inerte, jusqu'au matin, le cerveau hanté par cette brûlante plaine d'un blanc ivoire ratissée par des marionnettes noires… Il gît, quasi aveuglé, les pieds enflés, la bouche racornie, dans cette chevelure neigeuse de géante… Il ne lit plus la Bible : les lignes sur le papier bougent trop, les caractères d'imprimerie dansent trop, noirs insectes sur trop de blancheur… «Aba, père, père, à quoi m'avez-vous abandonné?…» Il perd le fil, confond les noms, sombre dans le sommeil en pensant à elle…

Seul le billard le détend, malgré la présence des autres joueurs. Sous son enveloppe de chair il se sent fait d'un bois dur et muet. Il les regarde chercher à placer leur petit signe de pouvoir et se sent tressaillir quand une voix lui lance : «Bonnes nouvelles de Marie-Eugénie? du gamin?» Les mots sonnent étrangement à son oreille. Il ne lit plus les journaux, c'est comme si le sens des mots s'était rabougri jusqu'à devenir méconnaissable, miné par une infinitésimale mais usante saignée…

Le Somali s'est arrêté et parle avec un autre homme en décrivant de grands gestes calmes… Au fond, cet enfer chauffé à blanc rappelle à London le piège de fer et de froid de ses années de guerre : la même impression de n'avoir rien décidé, d'être là, de ne plus rien comprendre, d'espérer sortir un jour vivant, le corps souffrant…

Sous son auvent de paille, les yeux perdus sur le désert exsangue de collines de sel, il se retrouve vingt ans en arrière. C'était l'hiver, la neige était sale, on était en guerre contre les Bulgares et pourtant c'était le froid qu'on redoutait le plus, un froid qui usait jusqu'à l'os, plus angoissant encore que le sifflement des balles tirées des collines d'en face par d'autres soldats aussi transis que nous, parlant sans s'écouter pour vaincre leur peur opaque… Tous acteurs soumis à un dieu lointain qui exigeait son tribut de mort et de sang, il revoit leurs crânes rasés, leurs yeux caves, leurs mains gercées, leur lividité. Il ne se souvient plus des noms mais se rappelle ceux des îles qui les avaient laissés venir : Naxos, Paros, Céphalonie, Delos, Hydra…, grelottant sous de méchants uniformes kaki, à l'étoffe raidie par le froid et la saleté (ils dormaient dedans), couleur de guerre, couleur de peine, blottis contre la roche grise, agrippés à leur fusil… Et lui, London, subitement projeté à terre, le dos coincé, ne pouvant plus bouger ni respirer tant ça lui faisait mal… évanoui, ballotté sur la civière où la souffrance le réveille à demi… Des bruits autour de lui, puis l'éther : « Comptez jusqu'à dix… » Des croisillons à géométrie variable dans le noir… Était-il aveugle ? Au réveil, il avait vomi sans désemparer, et, pendant des jours, une douleur lancinante ne l'avait pas lâché. Il ne savait même plus comment c'était arrivé. Mais la balle n'avait pas touché la moelle épinière : c'était rien, oui oui, il pourrait remarcher, tout fonctionnait… mais on lui laissait la balle : impossible à extraire, trop risqué. Oui oui, c'était pour sûr un miracle… Et puis, à l'hôpital, tous ces hommes, des linges recouvrant leurs blessures, qui poussaient des hurlements : mâchoires cassées, œil crevé dans un visage de dieu antique, moignons, torses défoncés, les bouteilles, les fils, du sang sur les linges, la touffeur des corps en fièvre, la sueur de la peur, l'urine, certains s'oubliaient sous eux, la puanteur et les pleurs tard dans la nuit, les gémissements des jeunots qui n'avaient jamais joui entre les cuisses d'une femme et qui allaient mourir et qui insultaient Dieu, les râles… sainte Agnès des agonies, priez pour eux… certains qui ricanaient quand les infirmières leur changeaient un pansement en haut de la cuisse avec une rapidité bourrue qui les maintenait hors du désespoir… et plus tard encore, pouvant faire quelques pas, fumer à plusieurs une cigarette dans le morne silence de ce paysage arrêté de tentes militaires…

– London, on a fini les trois derniers wagonnets. À demain ! lui lance le Somali qui fait signe à son compagnon resté au pied de la colline de sel. Aussitôt, ce dernier lâche sa pelle et son sac qui se retrouve à béer sur le sol.

Les deux hommes partent en se dandinant le long des rails et des wagonnets sombres, traînant leurs hautes jambes maigres vers le port. Pourquoi Dieu nous a-t-il faits si noirs ? s'était interrogé à haute voix, un soir, Tassama devant London en pinçant la peau de son avant-bras. Et pourquoi Dieu ne serait-il pas noir ? avait répliqué London.

… et puis on l'avait renvoyé sur le front bulgare, rendu à l'hiver âpre et enneigé qui les pétrifiait quand ils ne se battaient pas, mais lui, cette fois, à l'intendance, ne risquant plus la mort d'aussi près. Habité alors par l'idée fixe de sortir de là, surtout quand on avait commencé à parler de l'autre guerre, celle qu'on ferait en Asie Mineure… Oui, sortir de là…

… il s'était caché à quelques centaines de mètres du village de montagne où son régiment campait, et, près d'un acacia sous lequel se tenait une petite chapelle votive dédiée à sainte Marina – borne blanche abritant une faible flamme devant l'image violemment coloriée d'une femme debout tenant une croix contre sa poitrine, et maîtrisant sans effort un petit diable noir, une auréole jaunâtre au-dessus de son voile mauve avec, plus haut, un bandeau de lettres dorées sur fond noir : *HAGHIA MARINA* – il s'était assis là et avait sorti de sa poche la fourchette qu'il avait jugée suffisamment solide pour ce qu'il avait à faire... Tout était calme alentour : une chèvre attachée avec son tout jeune chevreau piétinait un lambeau de terre dégelée, dans les maisons en contrebas rien ne bougeait, pas de tirs non plus... Seul entre les nuages boursouflés de pluie qui avançaient vite et cette terre engoncée dans l'hiver, la pierre froide sous ses fesses, il avait pris un morceau de bois qu'il avait fourré dans sa bouche... La cloche du monastère avait sonné au loin, aigrelette, insistante. Il s'était signé, avait pris une profonde inspiration et s'était planté à deux mains la fourchette dans le mollet droit. Il s'était mis à transpirer de douleur, ses dents broyaient le bois, des larmes lui vinrent. Il avait retiré les dents de l'arme improvisée et les avait replongées une seconde fois, quelques centimètres plus loin.

– C'est un chien, docteur. Il m'a attaqué, il bavait... Il avait l'air enragé...

– Avec ça, vous ne pouvez pas partir en Asie Mineure, ça non…

Le médecin avait le regard usé. Dans le livret militaire, il avait lu : « Soldat courageux. Blessé à la colonne vertébrale en combattant. Tireur d'élite. Élément sérieux. Bons états de service. Sait cuisiner, couper et coudre. »

Il avait pris le papier à en-tête du régiment et inscrit le nom de Leonidas Z., les lettres se chevauchant, inabouties, proches du gribouillis, l'avait doté du précieux tampon violet, baveux aux coins, presque effacé sur les côtés, et avait signé d'un paraphe illisible l'avis de démobilisation. À moitié dupe, sans doute ; mais les cas de rage existaient et on ne savait jamais, on ne pouvait prendre le risque de le garder… Atteint, il n'en avait plus pour très longtemps, et le pauvre bougre avait déjà fait six ans. Six ans, c'est long, tiens, presque l'âge de sa fillette…

London avait quitté la neige fondante du printemps qui frémissait, laissant les hommes de son régiment s'apprêter à livrer la nouvelle guerre, cette fois contre les Turcs. Non, il n'avait pas voulu revoir son père ni son oncle et pas davantage sa mère si veule, non plus qu'Évangéli : il n'avait rien à leur dire… Seules ses convictions royalistes – « Du pain, des olives, et vive le roi

Constantin ! » – étaient demeurées intactes, tout le reste avait été laminé. Il ne lui restait plus alors qu'à s'embarquer un soir, au Pirée, lui, sa maigre solde, sa blessure, sa bible graisseuse et écornée, son Shakespeare en plusieurs tomes, et l'icône de sainte Marina achetée près de Monastiraki, qui ne le quitterait plus… Et dire qu'il avait cru que c'en était fini !… Mais, voilà que pour un mot de compassion, pour une opinion de bon sens, en fait pour le simple exercice de sa liberté de pensée, voilà que l'Histoire – sous la forme de Grecs avides, d'un consul félon, d'un tueur aux ordres d'un dictateur – lui faisait un nouveau pied de nez en le rejetant hors de sa patrie d'adoption, l'exilant loin de son modeste bonheur, le maltraitait derechef, le réduisait à l'état de bête de somme, de chair dessiquée par le sel et la soif…

London ramasse son registre, vérifie les trois wagonnets, recompte les sacs. Le soleil brûle encore, l'intensité de la réverbération persiste. Il se rend jusqu'au baraquement principal, pousse une porte décolorée ; dans la pénombre ménagée par des morceaux de papier noir collés aux vitres, le brassage de l'air tiède par le ventilateur maintient l'adipeux contremaître dans une relative conscience, bien qu'il ne cesse d'absorber bière sur bière.

Le Français le regarde poser le registre cartonné sur le bois blanchi de son bureau (combien de temps tiendra-t-il ? Instructif : le type qui n'a pas le choix est plus endurant, et celui-là, pour un métèque, est plutôt coriace), il sort du tiroir central qui lui creuse la bedaine quelques billets froissés que London compte sans hâte, puis, se renversant dans son fauteuil, décapsule sans un mot une bouteille et avale la bière tiédie tout en suivant avec de petits yeux haineux la haute silhouette de London s'éloigner dans la fournaise du soir.

15

… dans la fournaise du soir de l'été grec, des hommes émergent des rues et, un à un, vont se figer aux carrefours. Comme des vigiles sacrés, ils offrent noix de cajou, pistaches et amandes, viatiques pour la nuit souveraine. Fascinée, Marie-Eugénie regarde l'un deux s'avancer de l'autre extrémité de la baie ; il pousse avec lenteur un chariot bleu roi à trois roues ; le halo d'une large suspension se balance mollement au-dessus des friandises disposées en vrac dans de petits casiers et enfoncées dans des sachets ventrus faits d'un papier pelucheux gris pâle. Cet homme semble sortir des arbres, comme né d'eux, glisse le long du bord de mer, à la fois pesant et immatériel, précédé de cette lumière ondulante enserrée par l'obscurité, il s'approche et se plante là tout près d'eux avec son chien. Divinité des ombres, veilleur des mystères, il annonce le brouhaha des conversations sous le scintillement des étoiles noyé dans une mer d'encre. Ne serait-il pas le signe, la promesse muette d'autres soirées à venir avec London ?…

Sur l'échiquier mouvant des terrasses de Loutraki s'entrecroise un ballet de plateaux hérissés de glaces multicolores, de boissons pétillantes flottant sur les bras musculeux de lanceurs de javelots ; le bouquet des amitiés d'un soir se forme et se défait, les sillons des courses enfantines se croisent, toutes ces lignes se mêlent sans se confondre en d'illisibles figures. Toutes ces trajectoires de nos vies, de nos voyages, de nos exils, songe avec mélancolie Marie-Eugénie. Enfant, elle aimait ce lieu de villégiature où elle nageait, aveuglée de soleil, tandis que les tantes bavardaient. Mais aujourd'hui…

Dans la nonchalante agitation estivale, le vieil homme reste parfois si complètement immobile que Diogène se frotte les yeux pour se convaincre qu'il ne s'est pas transformé en statue. D'ailleurs l'enfant le soupçonne d'être magicien, mais n'ose lui poser la question. Qu'il vienne là chaque soir persuade Diogène, qui croise par précaution les doigts, qu'il reverra son père. « Alors petit, c'est quoi, cette fois-ci ? » – il lui tend d'une main ridée le paquet de pistaches et, le regardant manger, ne lui dit rien de plus. Il détourne de temps à autre son regard pour tapoter son chien. « Lui seul m'est fidèle, tu sais… brave bête ! » murmure-t-il dans un soupir. Le chien, de son museau tendu, réclame encore une caresse, aussitôt accordée, lèche la main, puis s'allonge, yeux clos, rempli de cet amour partagé. Diogène regrette son bouvier, son sanglier…

– Où est le petit ? crie tante Hélène. Pourquoi es-tu parti si longtemps ? Qu'avais-tu donc à rester là-bas ? Marie-Eugénie ! Marie-Eugénie, je te parle ! Excuse-moi, chérie, mais ton fils devrait se montrer plus raisonnable… Depuis que vous vivez chez nous, j'ai bien remarqué qu'il n'obéit guère. Poli, oui, mais désobéissant, oui môssieur (la bouche en accent circonflexe)… Non, merci, pas de pistaches… Tu sais, ma fille m'a toujours obéi… Crois-moi, la sévérité est nécessaire, à cet âge : des petits animaux… Qu'est-ce que je disais ?… Ah oui… notre pays entier souffre d'indiscipline… (jetant un regard de défi autour d'elle : qui osera me contredire ? Puis, rassurée :) Il nous faut veiller à préserver l'âme grecque, nos valeurs antiques... L'Allemagne est un grand pays qui nous montre le chemin de l'authenticité...

Dans un brouillard, la belle bouche d'Hélène se plisse, s'étire, charrie invectives, analyses politiques, griefs, idées de décoration que Marie-Eugénie n'entend plus...

... Demain nous rentrerons enfin à Athènes, Dieu que tante Hélène est épuisante de vitalité ! Demain, j'aurai plusieurs lettres de toi, que fais-tu là-bas ?... oh, tout de suite, t'entendre, te voir... Tu dors peut-être avec cette expression harassée qui m'émeut chaque fois... Si tu savais ! j'aurais tant aimé venir ici avec toi... Tout est absurde sans toi... Je t'écrirai ce soir... tes lettres ne me quittent pas... se peut-il que...

La nuit tiède les enveloppe peu à peu – Marie-Eugénie, attentive en apparence, mais l'esprit tourné vers Djibouti... Hélène continue :

– Nous devons croire et faire de notre pays un royau...

... London, que nous est-il arrivé ? pourquoi nous ? se répète Marie-Eugénie, ne trouvant plus d'explication. J'aurais dû rester auprès de toi...

– Oui, j'insiste, aboie Hélène, un royaume bien organisé...

Au loin, un bateau s'éloigne de Corinthe vers quelles baies, vers quels feux de naufrageurs, vers quelles côtes où l'on se bat… ? La nuit baigne la terre, la nuit jette son voile dense, entraîne en silence les humains avec leurs douleurs inutiles, leurs souffrances initiatiques, vers les profondeurs du sommeil où ils se délestent de leurs masques, de la tyrannie du regard d'autrui, bouches ouvertes, traits délassés, muscles au repos, juste des souffles…

– Bon sang ! Marie-Eugénie, cesse de rêvasser ! s'exclame Hélène, agacée. La guerre qui approche nous concerne aussi, et ce n'est pas en…

La soirée s'étire, interminable.

Le vieil homme fredonne en refermant son étal, Marie-Eugénie retient un bâillement.

– Oui, tante… certainement, tante, allons-y…

Marie-Eugénie fixe le dos de cette femme racée qui déploie tant d'énergie à parler, à manger, à voyager comme s'il lui fallait à chaque instant mener une lutte de titan contre on ne sait quoi au juste. Depuis qu'elle s'est mis en tête de produire un spectacle dans *son* lycée de jeunes filles, elle a demandé (imposé) à Marie-Eugénie de l'aider (« Tu viens, nous ne serons pas trop de deux pour dégoter les costumes traditionnels : je veux *toutes* les îles, *toutes* les régions, et puis ça t'évitera de te morfondre »). Alkisti a pu se dérober, depuis son exposition des commandes sont arrivées, elle ne peut vraiment pas…

Tante Hélène décrète maintenant :

– Allons nous coucher; demain nous serons à la maison, j'espère qu'elle (sa fille Claire) aura fini le buste du Führer pour que je puisse aller à Berlin le lui offrir moi-même.

Un long moment, le vieil homme les précède, courbé sur son chariot, Marie-Eugénie tient son fils par la main, le bateau a disparu au loin, on ne voit plus que le rouge clignotant du phare. Tante Hélène décrit les personnalités qu'elle va rencontrer lors de son prochain voyage…

– … oui, le national-socialisme nous conduira au redressement économique…

Dommage que Nikos ne les accompagne pas, lui seul sait la faire taire en braillant à tue-tête *L'Internationale* ou des chants de partisans, sans souci du risque d'être signalé à la police… Ou bien encore, en lançant à Hélène, narquois : « Tu crois que Marie-Eugénie apprécie les fascistes italiens ? » Aussitôt la dispute s'envenime, les insultes volent, les portes claquent, mais tante Hélène finit pourtant par céder devant un Nikos aussi tonitruant que prolixe.

… puis le vieil homme bifurque vers le parc du fond de la baie d'où il a surgi quelques heures auparavant, le halo blanchâtre de sa lampe à gaz tanguant, frayant dans l'obscurité un vacillant chemin, avant qu'il ne soit englouti... Diogène en est sûr, c'est un magicien et il reverra son père !

À force de lui reprocher les menues dépenses qu'elle s'autorise pour offrir des douceurs à Diogène, de lui emprunter le collier d'ivoire offert par Christos sans jamais songer à le lui rendre, de l'obliger à l'accompagner dans toute la Grèce pour sa collecte de costumes, de critiquer ce qu'elle appelle la sotte intransigeance de London, sans le vouloir, tante Hélène incite Marie-Eugénie à chercher du travail. Alkisti l'y encourage. Tante Matta l'approuve silencieusement. Dès qu'elle obtient un contrat d'aide décoratrice de spectacles, elle s'installe à Plaka dans deux chambres minuscules. Diogène fréquente l'école tout près de chez Nikos. Les lettres de London arrivent irrégulièrement. Elle s'aperçoit trop tard qu'elle est sous-payée, mais, engagée tout entière dans son travail, ses doutes et sa tristesse s'atténuent. Espérer, agir...

À l'automne, London écrit à Marie-Eugénie de préparer son retour, car il projette de travailler (clandestinement) dans un hôtel à Djibouti. Quand il se présente pour travailler à l'hôtel, le gérant qui lui a vendu la licence, un Grec d'Asie

Mineure, lui rit au nez en disant : «Je suis chez moi… tu ne m'as rien payé du tout. Tu as un reçu ? Je t'aurais vendu *ma* licence ? Mais je suis bien ici, je travaille… Tu as une preuve ? quelqu'un t'a vu ? Ne reviens plus ici, ou j'appelle la police… Tu n'as droit à rien ici, compris ?… Dégage !.. J'ai de quoi me défendre, pauvre type… » Christos ne peut rien faire et suspecte London d'être marqué par le mauvais œil. Aucun recours n'est possible. Tout l'argent d'Addis a fondu dans cette transaction. La haine tenaille London pendant des semaines. Comment a-t-il pu être aussi… Dans ses rêves, il tue, poignarde, casse… Seule la crainte de ne jamais revoir Marie-Eugénie le retient d'étrangler l'escroc qu'il croise presque chaque jour devant Le Palmier en zinc. Dans ses lettres suivantes, il ment à sa femme : l'affaire n'a pu se faire, il faut patienter encore. Si elle savait, est-ce qu'elle ne l'abandonnerait pas, elle aussi ?…

Il retourne aux salines, échafaudant toutes sortes d'hypothèses lui permettant de réussir à faire autre chose que se dessécher sur place et perdre du poids sans arrêt. Sa fierté l'empêche d'envisager de revenir sans rien à Athènes. Il espère le retour de Tafari qui, s'il l'a bien jugé, n'est pas homme à abandonner son pays. Sa fuite a été une tactique de survie : Tassama, surgi en pleine saline (qui l'avait renseigné ? il n'a pas pensé à lui poser la question tant la chaleur l'abrutit) et reparti aussitôt, l'a averti que le retour de l'empereur se préparait. Il faut tenir, a-t-il ajouté de son air réfléchi. Un Tassama sûr de soi, rodé, aguerri. Pour que tout redevienne comme avant ? a grommelé London avec un sourire las. Tassama !... Dieu merci, il « tenait », il luttait, allait gagner s'il ne se faisait pas tuer avant...

Il faut tenir, se répète London matin et soir. Mais ses forces l'abandonnent. Il tombe malade au début du printemps. Christos, par télégramme, alerte Marie-Eugénie qui va reprendre le bateau pour Djibouti.

Encore une fois, tante Matta l'accompagne au Pirée : ce visage ridé qui se penche vers elle, rempli d'un amour sans réserve, qui la soutient depuis l'enfance, l'émeut violemment. Le petit train de banlieue, l'Ilectrikon, les conduit jusqu'au port et Diogène les regarde, intéressé par cette émotion qui passe entre la vieille tante au chignon de neige et sa mère qui sanglote dans cette robe myosotis qui la rend si jeune. (Marie-Eugénie ne peut s'empêcher de déplorer l'indifférence de sa mère, mais il y a beau temps qu'elle ne s'en inquiète plus.) Elles se tiennent les mains sans rien dire. La lucidité de Matta, qui prépare sa vieillesse dans une maison de retraite, solitaire mais sans amertume, la remplit de respect et de chagrin : que ne peut-elle lui rendre tendresses et soins ? Que dire quand on ne peut rien faire ? Elles se promettent de nombreux courriers. Tante Matta félicite une dernière fois Diogène d'avoir grandi et lui souhaite progrès et réussite, tout en lui glissant une enveloppe remplie de billets.

Déterminée à sauver London, sûre qu'elle lui redonnera le courage de lutter, Marie-Eugénie part pour Djibouti, d'autant plus optimiste que c'est à bord du même bateau, le *Roland-Garros*, qui l'a amenée jusqu'à cet homme, un radieux jour de fête. Elle gravit la même passerelle où, jeune fille, elle s'embarquait pour une nouvelle vie ; c'est avril, comme l'autre fois. La silhouette de Matta s'agite sans celle, fragile, d'Uranie. Même si l'insoutenable pensée qu'elle ne reverra peut-être jamais plus sa tante la ravage, résister à la tentation du néant, croire en soi, lutter, garder son cap – ces valeurs qu'elle a apprises d'elle – sont autant de forces qu'elle a lentement cultivées. Son séjour à Athènes l'a affermie. D'une façon diffuse et empirique, elle a mesuré les pesanteurs de son milieu, les limites de ses croyances, les œillères de son éducation, mais elle a réussi à s'en dégager. Même si son expérience ne s'élargit pas comme celle de sa tante Hélène en politique ou celle d'Alkisti en art, elle sait que, malgré les contraintes qui sont les siennes, tous les aléas de son destin, elle est devenue celle qu'elle est vraiment. C'est peu et beaucoup à la fois.

Avec vigueur elle salue Matta. London l'attend, elle le guérira. Enfin réunis après cette année amère, ils pourront reconstruire une vie. Une autre vie. À Djibouti, à Addis, ailleurs, qu'importe ! La vie est partout ! Pourvu qu'ils soient ensemble. De la coursive, elle regarde sans tristesse le quai, l'église des marins, l'Hymette au loin. Que le bateau se hâte…

La lenteur de la traversée éteint son allant : l'anxiété la harcèle tandis que Diogène dort, écrasé par la chaleur, dans le dortoir des femmes. Si Christos lui a télégraphié, c'est que l'état de London est très grave, à moins que ce lourdaud que nulle épreuve n'a jamais trempé ait paniqué ? Son apathie cache une sainte horreur des difficultés, surtout celles d'autrui. Qu'est-ce que London lui a caché dans ses lettres ? Comme ce bateau lambine ! En mer Égée, une tempête les secoue et les rend malades jusqu'à Alexandrie. Ces femmes moites et gémissantes éveillent en Diogène une compassion pour leur quasi-nudité souffrante. Quant à Marie-Eugénie, elle compte les heures, retrouve sans joie les escales.

Plus vite !

Dès l'arrivée, la suffocante fournaise de Djibouti la liquéfie. Rien ne semble devoir bouger dans ce port étouffant sous quarante degrés. Christos, laconique, l'aide à grimper dans la carriole. Insouciant, pressé de revoir son père à qui il a tant à raconter, Diogène arbore de nouveau son casque blanc.

Gardé par le python somnolent, London geint dans une semi-conscience. Il gît dans cette même chambre où ils s'étaient aimés si fort, la dernière nuit. Le ventilateur ronronne, les volets clos protègent mal de la chaleur, du brouhaha des bien-portants, dehors sous les arcades. Naufragé au milieu du lit qui semble trop vaste pour lui, il respire avec difficulté. Marie-Eugénie ne peut s'empêcher de fondre en larmes, même si Christos, sur le court chemin du port aux arcades, a tenté de la préparer ; mais c'est un homme sans mots, il a juste su répéter, contrit : « Il va mal. » London émerge au grincement de la porte, esquisse un geste, ouvre puis referme les yeux. Sa main décharnée où saillent les veines reste inerte dans la sienne.

– Tu es là, dit-il en soupirant, avec un sourire qu'il veut réconfortant.

– Pour toujours.

Les yeux clos, il lui presse la main.

– C'est bon de t'avoir revue, murmure-t-il.

Marie-Eugénie veut qu'il rouvre les yeux, qu'il ne se laisse pas emporter par la mort. Mais il ne l'entend qu'à peine, déjà au-delà de la chambre, de leurs présences. Il respire mal. Happé par des images composites – la géante de sel, les houppelandes de soldats dans les montagnes, des villes en feu –, attiré par le lumineux visage de sainte Marina qui a revêtu les traits de Marie-Eugénie au-dessus d'une mer Ionienne étincelante, London renonce, se détend, s'apaise. La haine, le désespoir, le souci des affaires l'ont quitté. Il réclame Diogène à qui, trop épuisé, il ne peut rien dire. Le ventilateur tourne. Marie-Eugénie veille. Après une légère rémission de quelques heures où, les yeux luisants de fièvre, il fait des projets, son état s'aggrave. Sa présence à elle ne suffit pas. Il est déjà loin. La souffrance se calme, le médecin hoche la tête sans répondre aux questions. London gémit faiblement, son icône pressée contre son cœur ; l'agonie s'éternise toute une longue semaine.

*
* *

De retour en Grèce, Marie-Eugénie a traversé la guerre puis assuré les longues études de Diogène malgré l'ironie et le mépris de la parentèle mercantile qui exigeait que le « Petit prince » y renonçât pour l'entretenir. Afin de continuer de vivre indépendante, elle n'a pas hésité à changer de métier quand les circonstances l'exigeaient, s'échinant parfois à de pénibles travaux.

Solitaire, une fois que son fils, au temps des colonels, eut lui aussi pris le bateau de l'exil pour la France, Marie-Eugénie eut à supporter la douleur et la maladie. Plus tard, les succès universitaires de Diogène, durement acquis, lui furent un grand réconfort, et elle ne se priva pas d'étaler sa satisfaction devant ses détracteurs dont la progéniture s'était empâtée dans la médiocrité. Mais jamais Diogène ne revint s'installer en Grèce comme elle l'avait espéré, et elle dut se contenter de voir rarement son fils et la famille qu'il avait constituée avec une étrangère.

Au crépuscule de sa vie, elle exprimait souvent sa gratitude à Diogène qui, jugeait-elle, ne s'était pas dérobé aux attentes que London et elle avaient placées en lui, alors qu'il était tout enfant, faisant sienne à son tour la puissante injonction de tante Matta : « Faites votre devoir ! » À l'aune de cette rude boussole, London, lui, n'avait jamais démérité, faisant face aux tempêtes, si laminantes fussent-elles, mais il lui avait aussi appris à goûter les plaisirs et relever les défis de la vie ; forgée par cette saison en Abyssinie, par cet unique amour où elle n'avait cessé de puiser une force dont il eût été fier, c'est les yeux grands ouverts qu'elle avait affronté sans répit, tel qu'il était, son destin.

Paris, juillet 1995-printemps 2001.

Cet ouvrage a été réalisé en Caslon par Palimpseste à Paris

Achevé d'imprimer en juin 2001
sur presse Cameron,
par **Bussière Camedan Imprimeries**
à Saint-Amand-Montrond (Cher)
pour le compte de la librairie Arthème Fayard
75, rue des Saints-Pères – 75006 Paris

35-33-1194-01/6

ISBN 2-213-60994-2

Dépôt légal : août 2001.
N° d'Édition : 13044. – N° d'Impression : 012938/4.

Imprimé en France